Honigbiene küsst Storchschnabel

Ute Studer

Honigbiene küsst Storchschnabel

Neue Geschichten
aus dem Alltag einer Gärtnerin

Jan Thorbecke Verlag

VERLAGSGRUPPE PATMOS

PATMOS
ESCHBACH
GRÜNEWALD
THORBECKE
SCHWABEN

Die Verlagsgruppe
mit Sinn für das Leben

Für die Schwabenverlag AG ist Nachhaltigkeit ein wichtiger Maßstab ihres
Handelns. Wir achten daher auf den Einsatz umweltschonender Ressourcen und
Materialien.

© 2017 Jan Thorbecke Verlag der Schwabenverlag AG, Ostfildern
www.thorbecke.de

Umschlaggestaltung: Finken & Bumiller, Stuttgart
Gestaltung: Anton Studer, bubentraum, Zürich
Umschlagabbildung: Shutterstock.com
Satz und Repro: Schwabenverlag AG, Ostfildern
Druck: Grafisches Centrum Cuno GmbH & Co. KG, Calbe
Hergestellt in Deutschland
ISBN 978-3-7995-1131-5

Inhalt

Vorwort – Gartengeschehen

Ein Garten ist wie eine Showbühne. Malheure und Glücksmomente, Starauftritte und Pleiten, Slapsticks oder Tötungsdelikte, alles spielt sich direkt vor unseren Augen ab – egal ob wir als Akteure mitspielen oder eher zu den Beobachtern gehören. Hauptdarsteller oder Komparse, Diva oder jugendlicher Liebhaber, alle Rollen sind anzutreffen. Und die Stücke schreibt Mutter Natur. Da treten die Akeleien wie zickige Revoluzzer auf und übernehmen anarchisch die Gartenplanung, während wir *amused* oder eher missmutig zusehen. Weißbärtige Wildbienenmachos liefern sich Boxkämpfe und Prügeleien, um der holden Damenwelt zu imponieren, und ein wuselndes Getümmel von Läusen fällt über alles Pflanzliche her. Die Übeltäter werden jedoch so sehr von Ameisen malträtiert, dass man Mitleid mit den armen Läuschen bekommt. Zarte Düfte von Nachtviolen und Lavendel lassen uns träumen, während der Kohlweißlingsjüngling seiner Geliebten einen stinkenden Keuschheitsgürtel anlegt. Mordende Krabbenspinnen lauern auf Witwenblumen und ungleiche Liebespaare nehmen an der Pollenbar Platz. Masseninvasionen von Wanzen ängstigen die Gartennachbarn und harmlose Storchschnäbel werden hinterrücks zu Monstern. Auch Vögel wie Spatzen oder Rotkehlchen spielen Paraderollen auf der Gartenbühne.

Das Gartengeschehen bietet immer wieder neue Überraschungen, man muss nur genau hinschauen. Da gibt es Urkomisches, Noch-Nie-Gesehenes, Zartes, Bizarres, Gemeines, Zauberhaftes und Wundersames. Jeder Tag ist anders und man ist immer aufs Neue gespannt, welches Stück oder welche Szene sich die Akteure wieder für uns ausgedacht haben. Nur manchmal, wenn der Garten unter einer dicken Schneedecke liegt, gibt es Momente der Ruhe und Einkehr, bis die Wintergäste den Vorhang wieder öffnen und am Futterhäuschen ein neues Stück inszenieren. Und immer wieder lernt man das Staunen, selbst in einem kleinen Garten mitten in der Stadt.

Frühling

Die Blumen des Frühlings
sind die Träume des Winters,
am Morgen von Engeln
erzählt.

Khalil Gibran (1883–1931)

Elfenkrokus –
Blassviolette Elfenflügel

Der Blumenfreund
Wieder muß ich jeden Morgen
Eilig in den Garten gehn:
s' ist die erste meiner Sorgen,
Meine Blumen zu besehn.

Welche Lust, wenn's grünt und sprießet!
Wenn ein Blümchen über Nacht
Schüchtern seinen Kelch erschließet
Und dann blüht in voller Pracht!

[...]

August Heinrich Hoffmann von Fallersleben (1798–1874)

Es muss der lila Elfenkrokus gewesen sein, der den Dichter zu diesen Zeilen angeregt hat. Im Frühling, wenn ich mich nach bunten Blüten und frischem Grün sehne, geht es mir genauso. Ist der letzte Schnee geschmolzen, kann ich es kaum erwarten, dass endlich Schluss ist mit dem schmuddeligen Einheitsgrau im Garten. Dann wünschte ich mir, ich könnte die Pflanzen aus der Erde herauslocken. Doch oft reichen ein paar Sonnenstrahlen und schon tanzen die ersten Blüten den Frühlingsreigen. Zu den Erstlingen, wie Stinkende Nieswurz, Schneeglöckchen, Winterlinge und Märzenbecher, gesellen sich Ende Februar die zarten Elfenkrokusse und erfüllen die leeren Weiten des Gartens mit schüchtern zartem Violett. Sie kommen über Nacht so schnell aus der Erde, dass die Blüten noch vor den Blättern erscheinen. Wie kleine Elfenflügel wirken die feinen Blüten, sodass man Angst hat, ihnen würde der erste Regenguss den Garaus machen. Als wären sie schutzbedürftig, stehen die lila Blüten eng zusammen, um ihre Kelche nur zu öffnen, wenn die Sonne scheint. Sobald Wolken das Licht verschlucken, falten sich die Blütenblätter wie-

Die zarten, lila Blüten locken Insekten an.

der spitz zusammen; sie trotzen so eisigen Winden und letzten Schneeflocken.

Obwohl die kleinen Elfen so zerbrechlich wirken, sind sie sehr robust und dem vorfrühlingshaften Leben gut angepasst. Über den Winter haben die Krokusse Stärke und Mineralstoffe in ihren Knollen gespeichert und die Blütenknospen ausgebildet. So können sie schon bei den ersten Sonnenstrahlen aus dem Boden sprießen und ihren herb-süßlichen Duft verbreiten, den man jedoch nur wahrnimmt, wenn man mit der Nase fast schon den Boden berührt. Mit Freude betrachte ich immer den Ausbreitungsdrang der violetten Elfchen. Unter den Beeren, im Staudenbeet und selbst zwischen den Steinplatten des Gehweges zeigen sich dieses Jahr die Blüten der Frühaufsteher. Sie halten sich nicht an Grenzen und breiten ihre fröhlichen lila Blütenfahnen bereits beim Nachbarn aus. Für diese Eroberungszüge zeichnen die Ameisen verantwortlich. Die Samen enthalten ein ölhaltiges Anhängsel, das auf die Ameisen unwiderstehliche Anziehungskraft ausübt. Die kleinen Arbeiterinnen tragen diesen Leckerbissen mitsamt dem anhängenden Samen in ihren Bau, wo dann im nächsten Jahr ein neuer Elfenkrokus seine zarten Blüten öffnet. Von Jahr zu Jahr vermehrt sich die muntere Truppe aus dem Balkan. Wenn sie in voller Sonne ihre Blütenkelche mit den leuchtend orangegelben Staubgefäßen dem Licht entgegenstrecken, sind sie eine wichtige Nahrungsquelle für die aus der Winterruhe erwachenden Insekten. Die Schwebfliegen sind oft die ersten Gäste, die sich an der Krokusbar gütlich tun. Schon bald füllen auch die Bienen ihre Pollenhöschen mit dem gelben Blütenstaub. Zitronenfalter und Tagpfauenauge finden in den weit geöffneten Kelchen einen guten Landeplatz und strecken ihre Saugrüssel tief in die Nektarquelle. Auch die dicken Hummelköniginnen haben die Krokusse zum Fressen gern. Wenn diese gewichtigen Brummer landen, biegen sich die Blüten auf den schlanken Hälsen unter der Last oft bis zum Boden.

Bei Regenwetter schließen sich die Blüten.

Fehlen in einem trüben Frühjahr die tierischen Bestäuber, können die Krokusse auch auf den Wind zählen. Zum Finale zeigen die frühen Blümchen noch ihre grasartigen Blätter mit dem hellen Mittelstreifen, um sich dann dezent in ihre Knollen zurückzuziehen, bevor die anderen aus der Krokussippe erwachen, mit ihren auffällig bunten Ostereierblüten den zierlichen Elfen die Show stehlen und das große Blühen im Garten beginnt.

Wildbienen – Frühlingsprügeln

Bienengedicht
*Ein Blumenglöcklein vom Boden hervor
war fröhlich gesprossen im lieblichen Flor.
Da kam ein Bienlein und naschte fein –
oh, die müssen wohl beide füreinander sein.*

Johann Wolfgang von Goethe (1749–1832)

Es geschieht jedes Mal im März. Sobald die ersten Sonnenstrahlen milchig durchs Fenster auf den Schreibtisch fallen und mir unmissverständlich klar machen, dass Scheibenputzen angesagt ist, huschen plötzlich kleine dunkle Schattenpunkte über die Schreibtischplatte. Das Frühlingsschauspiel vor meinem Fenster hat wieder begonnen: die lang ersehnten Wildbienen kriechen aus ihrer Behausung! Als die Ersten im Jahr schlüpfen die Gehörnten Mauerbienen, *Osmia cornuta*, und zwar die Männchen, denn bei dieser Wildbienenart haben Männer die Nase vorn. Zunächst sehen sie mit ihrem pummeligen Outfit und den dichten, roten Pelzhosen am Hinterleib aus wie Hummeln. Sie wirken urkomisch mit ihren schlohweißen Bärten und den langen schwarzen Fühlern. Das weiße Haar verleiht ihnen, obwohl sie ja gerade erst frisch geschlüpft sind, ein etwas intellektuell-vergreistes Aussehen. Sie kommen einige Tage vor den Weibchen hervor, da sie die vorderen Plätze in den Brutröhren belegen. Bei ihnen gilt nicht „Ladies first" sondern „Ladies last". Nun könnte man sich die Frage stellen, ob die vorderen Plätze für die Männchen von Vorteil oder eher nachteilig sind. Beim Schlüpfen sind sie zwar die Ersten, allerdings fallen ihre Logenplätze häufig Meisen oder Spechten zum Opfer und werden vermehrt von Brutparasiten befallen.

Die Gehörnten Mauerbienen gehören zu den Solitärbienen, die anders als die Honigbienen mit Arbeitsteilung, Staatenbildung und Honigproduktion nichts am Hut haben. Obwohl sie also Einzelkämpfer sind, treten sie jetzt im Frühjahr vor meinem Nistblock in Massen auf und liefern sich Prügelgefechte beim

> *Wo sind denn endlich die Frauen?*

Warten auf die Weibchen. Nachdem sie sich erst einmal an den Schneeheiden ihren Nektarcocktail servieren ließen, führen sie sich auf wie eine Halbstarken-Rockerbande. Da gibt es Boxkämpfe von Mann zu Mann: Flieht der Rivale und verkriecht sich in einer Röhre, düst der andere hinterher, zieht den Flüchtigen an einem Bein heraus und schmeißt ihn wie ein Hammerwerfer seinen Hammer durch die Luft. Manchmal kommt es auch am Boden zum Nahkampf. Dann krallen sie sich ineinander wie zwei Sumo-Ringer, springen auf den Rücken des Gegners wie beim Catchen oder stürzen sich im Kamikazeflug auf den vermeintlichen Rivalen. Kein Wunder kommen, wenn die Damen dann auftauchen, nur die kräftigsten Männchen zum Zuge und schreiten sofort zur Tat. Nach der Paarung werden sie von den Damen abserviert und können Leine ziehen. Ab dann sieht man von morgens bis abends nur noch sich um das Brutgeschäft kümmernde Weibchen. Zunächst inspizieren die Bienen ihre neue Behausung und umfliegen den neuen Wohnblock. Dann prüfen sie eingehend Größe und Eignung der Röhren. Als Putzfrauen wären die Damen nicht zu gebrauchen. Sie säubern die alten Bruträhren nur rudimentär und schieben verbliebene Reste einfach in den hinteren Teil, also quasi wie Dreck unter den Teppich. Da es jedes Jahr mehr Weibchen als Bruträhren gibt, kommt es auch unter ihnen zu Konkurrenzkämpfen mit Tritten, Schubsen und Haareraufen. Die Unterlegenen suchen in ihrer Verzweiflung nach anderen Nistmöglichkeiten. Dabei sind sie wenig wählerisch und nisten auch in Fensterabfluss- und Schlüssellöchern, in Bohrlöchern von Regalen, in hohlen Stuhlbeinen, Wasserschläuchen und Blockflöten. Während dieser Zeit heißt es für mich: Fenster geschlossen halten! Denn Hohlräume gibt es in meiner Wohnung viele und die Bienchen sind sehr einfallsreich. Ich sah schon mal eine aus dem Drucker krabbeln. Sobald die letzte Bruträhre mit einem Lehmdeckel verschlossen ist, verschwinden nun auch die Weibchen von der Bildfläche und es ist, zumindest bei den Gehörnten, Ruhe bis zum nächsten Frühling.

Erst mal sauber machen!

Ameisen – Wundersame Samenverbreitung

Ob ich ein Moos, einen Kristall, eine Blume, einen goldenen Käfer bewundere oder einen Wolkenhimmel, ein Meer mit den gelassenen Riesen-Atemzügen seiner Dünungen, einen Schmetterlingsflügel mit der Ordnung seiner kristallenen Rippen, dem Schnitt und den farbigen Einfassungen seiner Ränder, ... jedes Mal wenn ich ... ein Stück Natur erlebe, wenn ich von ihm angezogen und bezaubert bin und mich seinem Dasein und seiner Offenbarung für einen Augenblick öffne, dann habe ich in diesem Augenblick die ganze habsüchtige blinde Welt der menschlichen Notdurft verlassen und vergessen ... und ich tue für diesen Augenblick nichts anderes als ‚erstaunen'.

Hermann Hesse (1877–1962)

Dieses Staunen ist für mich das Schönste im Garten. Es ist immer noch das kindliche Staunen, das Erforschen der Geheimnisse der Natur. Diese Wunderwelt birgt viele Rätsel, die gelüftet werden wollen. Wie ist es zum Beispiel bei den Wandervögeln unter den Pflanzen, die an den unmöglichsten Orten auftauchen, an denen sie nie gesät wurden? Wie kommen sie dahin?

Im Januar erschien das erste Schneeglöckchen. Das ist nicht erstaunlich, denn Schneeglöckchen gehören zu den ersten Frühlingsblühern, aber verblüffend ist, wo es erschien. Ein einsames Schneeglöckchen ließ seine weiße Blüte an der schattigsten Ecke des Gartens baumeln, dort, wo im Winter kein einziger Sonnenstrahl hinkommt, weit weg von

Die Stinkende Nieswurz vertraut ihre Samen den Ameisen an.

seinen Geschwistern. Wie war es dort hingekommen? Schneeglöckchen lassen ihre Stängel mit den Samenkapseln vor der Reife zu Boden sinken, der Samen fällt nah bei seiner Mutter. Weder Wind noch Regen konnten ihn so weit weggerollt haben. Ebenso rätselhaft ist das Auftauchen des Borretschs zwischen den Himbeeren. Gleich mehrere kleine Borretschpflänzchen streckten

im Frühjahr ihre behaarten Blattrosetten aus der Erde, weit weg von der Kräuterspirale, in der sie letztes Jahr wuchsen. Und wie kamen die kleinen Jungen der Stinkenden Nieswurz unter die Johannisbeeren, steht ihre Mutterpflanze doch weit weg im Staudenbeet? Wer war der geheime Sämann?

Des Rätsels Lösung fand ich in einem alten Pflanzenbuch, das mich über das Geheimnis der Ameisenpflanzen aufklärte. Deren Samen haben alle ein sogenanntes Elaiosom, ein Anhängsel, das am Samen anhaftet und reich an Fettsäuren, Aminosäuren und Zucker ist, eine Art Sachertorte für Ameisen. Diesen Leckerbissen wollen die Ameisen natürlich mit ihrer Familie teilen. Also schleppen sie ihn in ihr Nest, zwangsweise mit dem anhängenden Samen. Es sieht lustig aus, wenn die Ameisen die Samen abschleppen, die oft viel größer sind als sie selbst. Dabei entwickeln sie die unterschiedlichsten Transportvarianten: Die einen balancieren sie hoch erhobenen Hauptes stolz über sich, wobei sie riskieren, dass der Same das Übergewicht bekommt. Andere versuchen mit mehr oder minder Erfolg den Samen vor sich her zu rollen. Auf ebenem Boden geht das ja noch, bei ansteigender Fläche wird es zur Sisyphusarbeit, und bei abschüssigem Boden rollt der Samen mitsamt anhängender Ameise bergab. Einige benutzen auch das Anhängsel als Griff und schleppen den Samen hinter sich her. Wenn es ihnen zu mühsam wird, lassen sie den Samen einfach liegen und die Sachertorte wird von der Menükarte gestrichen. Manche der Tiere sind vom Transport so erschöpft, dass sie eine Rast einlegen und ihre Nestgefährten vergessen. Jeder ist sich selbst der Nächste, sagen sie sich, und essen zur Stärkung das Anhängsel einfach auf. Nur die ganz pflichtbewussten Ameisen bringen ihre Schätze brav nach Hause. Im Nest findet dann das Elaiosom-Festgelage statt. Die übrig gebliebenen Samen werden aus dem Nest getragen oder bleiben einfach liegen. Zu den Pflanzen, deren Samen durch Ameisen verbreitet werden, gehören viele Frühjahrsblüher wie Veilchen, Krokus und Lerchensporn. Und so staune ich jeden Frühling, wo die Ameisen die Samen wieder überall ausgesät haben, und genieße die daraus entstandene bunte Vielfalt des Blütenteppichs.

Das Leberblümchen setzt ebenfalls auf die Ameisen.

Läuse – Lausige Zeiten

Wem der liebe Gott ein Gärtlein gab und Rosen,
dem gab er auch den Mehltau und die Blattlaus,
daß ers lernt,
sich nicht über Kleinigkeiten zu entrüsten.

Wilhelm Busch (1832–1908)

Den ganzen Winter hat man sich darauf gefreut, endlich wieder in der Erde zu wühlen, die Frühlingsblüher zu begrüßen, den ersten Insekten zuzuschauen und die wärmenden Sonnenstrahlen zu genießen. Und dann wird die Gartenfreude jäh getrübt. Sie kommen ganz leise, ganz plötzlich, quasi über Nacht und sie sind viele, sehr viele, eine Invasion, Unmassen von Blattläusen, ein wuselndes Getümmel, das da Einzug in den Garten hält. Sie kommen nie im Singular, sondern immer im Plural. Es kommt nicht eine einzelne Blattlaus, der man noch mutig gegenübertreten könnte. Selbst bei Wikipedia gibt es nicht den Eintrag „die Blattlaus", sondern nur „Blattläuse". Ganze 850 verschiedene Arten kommen bei uns vor und ernähren sich vom Saft der Pflanzen. Man könnte sich ja freuen, dass man endlich einmal die Gelegenheit hat, die ganze Artenvielfalt zu studieren, wenn sie einem denn die Zeit und Ruhe ließen, das zu tun. Stattdessen bricht Panik aus angesichts ihrer zahlenmäßigen Überlegenheit. Beherztes Handeln ist jetzt gefragt, bevor sie uns im wahrsten Sinn des Wortes die Haare vom Kopf fressen. Sie fallen so ziemlich über alles Pflanzliche her, was ihnen vor ihre Mandibeln kommt. Ob Blumen, Gemüse oder Kräuter, nichts wird verschont. Und schon gibt es verdrehte, eingerollte Blätter und Stängel, die schwarz sind von Läusen.

Läuseinvasion an einer Distel

Früher benutzte ich eiskalt meine körperliche Überlegenheit und zerquetschte sie zwischen Daumen und Zeigefinger. Aber seit ich Enkel habe, die mir zuschauen, finde ich diese Methode zu brutal und tierethisch fragwürdig. Natürlich hoffe ich jedes Mal auf die Hilfe von Marienkäfern. Die sind zwar schon da, doch stürzen sie sich nicht so sehr auf die Läuse, sondern in un-

verhohlener Vermehrungsabsicht auf ihre Artgenossen, ganz so als wüssten sie, dass ohne Kinderschar den Läusehorden nicht beizukommen ist. So bleibt nichts anderes als zu warten, bis der Käfernachwuchs in Jagdstimmung ist.

Die Blattläuse tragen den schönen Namen *Aphidoidea* und gehören zu den Pflanzenläusen, welche wiederum zu den Schnabelkerfen unter den Neuflüglern innerhalb der Fluginsekten gehören. Dank Jungfernzeugung können sie sich explosionsartig vermehren. Den Eizellen wird hormonell eine Befruchtung vorgespielt, wodurch diese mit der Zellteilung beginnen und schon ist ein neues Läusebaby da. So entstehen in Windeseile ganze Klonhorden. Wird der Populationsdruck der unbeflügelten Weibchen zu hoch oder sind die Blattlausverzehrer sehr aktiv, entstehen plötzlich beflügelte Männchen, die sogleich sexuell aktiv werden. Die von ihnen befruchteten Weibchen lassen sich zu Boden fallen und wandern auf Nachbarpflanzen ab, wo sie neue Klonbabyhorden ansiedeln. Forscher haben herausgefunden, dass Blattläuse wie Katzen immer auf ihren Füßen landen. Blattläuse werden von Ameisen herumgetragen, denn diese halten die Läuse wie Weidevieh und melken sie regelrecht. Sie schätzen die zuckerhaltigen Ausscheidungen der Läuse, den Honigtau oder weniger poetisch die Blattlausscheiße. Und damit ihre Herden nicht abhauen oder davonfliegen, haben die Ameisen listige Strategien entwickelt: Brutal beißen sie den Läusemännern die Flügel ab, um ihren Wegflug zu verhindern. Zudem verteilen sie ein Sekret, das die Krabbelgeschwindigkeit der Läuse senkt. Damit vermindern sie nicht nur die Weglaufgefahr, sondern die langsameren Läuse produzieren auch keine beflügelten Männchen mehr, wodurch sich die Ameisen das Abbeißen der Flügel sparen können. Da bleibt ihnen genügend Zeit, ihre Herde zu melken und vor den anrückenden Marienkäfern durch Bespritzen mit Ameisensäure zu schützen. Man kann ja richtig Mitleid mit den kuschelig süßen Läuschen kriegen, die von den bösen Ameisen derartig drangsaliert werden. – Zum Glück ist der Spuk meist nach wenigen Wochen wieder vorbei.

Statt Läuse zu fressen, haben die Marienkäfer lieber Sex.

Akeleien – Zickige Revoluzzer

Blüten am Wegesrand
Blüten am Wegesrand,
Einfach und schlicht,
Die eine Kinderhand
Freudig sich bricht!
Von hoher, stolzer Pracht
Strahlet ihr nicht –
Doch gab euch Gottes Macht
Leben und Licht!

Wild, ohne jede Pfleg',
Zertreten oft
Wuchset ihr auf am Weg
Und blüht und hofft,
Daß noch ein Menschenkind
Euch einst erblickt
Und euch zum Strauße lind
Vom Wege pflückt.

Karl Friedrich Mezger (1880–1911)

Zart wie Elfen können Akeleien sein.

Ob der Poet wohl die Akelei meinte? Jeden Frühling ergibt sich in meinem Garten ein ähnliches Bild: Sobald es anfängt zu sprießen, sind die zarten, zickigen Vagabunden wieder da. Ich liebe sie über alles und gleichzeitig treiben sie mich mit ihrer Sturheit zur Verzweiflung. Ich bin eine eher chaotische Gärtnerin. Und trotzdem versuche ich gestaltend einzugreifen und freue mich, Gartenideen umsetzen zu können. Den anarchischen Akeleien gelingt es jedoch immer wieder, meine Pläne zu hintergehen.

Angefangen hat es auf einer Tauschbörse. Viele Hände hatten sie schon betatscht und nun lagen die einst stolzen blauen Blüten der Gemeinen Akelei total erschlafft und so erbärmlich da, dass kundige Gärtner sie bereits auf den Kompost werfen wollten. Ich beschloss, ihnen ein Zuhause zu bieten. Einmal gepflanzt, erholten sie sich überraschend schnell, und im Sommer kamen zwei Samenkapseln zur Reife. Nach wenigen Jahren hatten sie

sich um ein Vielfaches vermehrt und ich wunderte mich über die Farbenpalette, die sie inzwischen entwickelt hatten. Die geretteten Urmütter hatten blaue Blüten. Nun gab es zusätzlich weiße, rosafarbene, dunkelviolette und überwiegend alle Schattierungen von Blau. Im Jahr darauf erschienen sie uni, zweifarbig, gestreift, mal bauschig, mal sternförmig, mal kamen sie als Pompons daher, trugen Rüschenröckchen oder waren ausgefranst. Blühte eine dunkelviolett in spannender Harmonie neben einem gelb leuchtenden Lerchensporn, gesellte sich im Jahr darauf sicherlich eine Gruppe rosafarbener hinzu und machte aus der spannenden Kombination eine fade Sache.

Durch Ausstechen der Pflanzen und Entfernen aller rosa Samenkapseln versuchte ich die blaue Farbpalette wieder herzustellen. Im Jahr danach blühte meine Akeleigesellschaft allen Bemühungen zum Trotz überwiegend in einem widerlichen, ausgewaschenen Oma-Unterwäsche-Rosa. Was aber dem Ganzen die Krone aufsetzte: Aus meines Nachbarn Garten winkte mir eine ganze Gruppe in wunderschön harmonischen Blautönen entgegen. Ein anderer Gartennachbar zeigte mir stolz einige blauweiße Rüschenröckchen, die sich in seinem Garten ohne sein Zutun gezeigt hatten. Als ich ihm erklärte, dass es sich dabei um versamte Exemplare aus meinem Garten handelte, antwortete er: „Das kann nicht sein. Deine sind ja alle rosa." Resigniert reduzierte ich meine Gestaltungszonen auf die Gemüsebeete sowie die Hauswurzteppiche und beschloss, die Akeleien ansonsten gewähren zu lassen. Denn schließlich gehört zu unserer Weltordnung auch das Chaos. Inzwischen habe ich sogar Freude daran, mir bei Beginn der Akeleiblüte anzusehen, was die willkürliche Gartengestalterin sich in diesem Jahr für Pflanzen- und

Am liebsten mag ich die vielen Blautöne.

Farbkompositionen ausgedacht hat. Ich war auch schon mal in Versuchung, besonders gelungene Kombinationen, wie die dunkelvioletten mit den gotisch gebogenen Blütenköpfen inmitten leuchtend orangefarbiger Ringelblumen, Gartenbesuchern als meine eigene Kreation zu präsentieren. Da die Akeleien über einen regen Paarungswillen verfügen und sich dank ihrer großen genetischen Vielfalt ihre Kombinationen nach schierem Belieben auswählen können, werden die kleinen sittenlosen Revoluzzer mich wohl noch oft in Staunen versetzen.

Hauswurz – Sammlung von ewigem Leben

„Vor bald zwanzig Jahren war ich selber (leicht) dem ‚Fuchsienfieber' verfallen. Auf unserem kleinen Ostbalkon habe ich immerhin ungefähr 35 verschiedene Sorten zusammengetragen und gehegt und gepflegt. Das einzige Überbleibsel aus jener Zeit ist eine kleine Sammlung von Fuchsienbüchern", schrieb die „Sofagärtnerin" im August 2009 in ihrer Internet-Kolumne über Pflanzensammler.

Dass Sammlungen ungeahnte Ausmaße annehmen können, erfuhr ich schon in früher Kindheit. Jede Woche musste ich die 50 Exemplare umfassende Moccatassensammlung meiner Großmutter auf Hochglanz polieren und dekorativ in der Glasvitrine versorgen. Es war mir völlig unverständlich, dass man Dinge sammelt, die man nie im Leben braucht – Tassen, die einzig dazu da sind, um abgestaubt zu werden. Und so schwor ich mir schon in frühen Jahren, nie einer Sammelleidenschaft zu verfallen. Die umfangreiche Elefantensammlung meiner Freundin war zwar irgendwie niedlich, der Gedanke ans Abstauben löste bei mir jedoch Entsetzen aus. Selbst als ich mich immer mehr dem Gärtnern und damit auch den sammelwütigen Pflanzenfreaks annäherte, stand fest, ich wollte weder eine Rosennoch eine Fuchsien-, eine Hosta- oder gar eine Veilchensammlerin werden! Sammlungen waren mir suspekt und Punkt.

Dicht gedrängt sitzen die Rosetten nebeneinander.

Um zum Sammler zu werden, braucht es eine ganz bestimmte persönliche Leidenschaft, eine Faszination, eine Begierde, bestimmte Pflanzenraritäten unbedingt haben zu müssen. Und von diesen Eigenschaften wähnte ich mich völlig frei. Bis sich die kleinen Steinrosen in mein Herz schlichen.

Meine Sammelleidenschaft begann ganz harmlos mit einem Vortrag von Martin Gmeinder über seine Hauswurze. Der Pflanzenliebhaber hat seit 1995 eine 400 Arten, Sorten und Hybriden umfassende Sammlung der Gattungen *Sempervivum* und *Jovibarba* zusammengetragen und besitzt ein umfangreiches Wissen über diese Pflanzen. Diese kleinen, anspruchslosen Rosettenpflanzen hatten mich schon immer fasziniert. Aber so schön, wie

sie dort in der Gärtnerei in flachen Tonschalen präsentiert wurden, hatte ich sie noch nie gesehen. Neben verschiedenen Grüntönen standen die Dickblattgewächse in Rot, Orange, Violett, Grau und Blaugrau, manche wie mit Spinnweben überzogen, andere leuchtend grün mit roten Spitzen. Einige waren klein und kugelrund und schmiegten sich zu vielen aneinander, andere Rosetten erreichten eine beachtliche Größe und wirkten auch als Solitär in einem Topf beeindruckend. Viele Sorten der „Immerlebenden" konnte man käuflich erwerben und so fanden die Rosetten den Weg in meinen Garten. Eigentlich sind sie die idealen Gartenpflanzen. Sie begnügen sich mit einem Minimum an Boden und Nährstoffen, überleben auch die heißesten Sommer ohne Gießen, schmiegen sich in kleinste Löcher, Steinritzen und Spalten, fühlen sich dabei pudelwohl und vermehren sich ganz von alleine mit Brutrosetten.

Schon bald quollen die hübschen Donnerwurze bei mir aus großen Schalen, alten Töpfen, thronten auf der Trockenmauer und besiedelten Mauerritzen und Plattenfugen. Die kleinen

Hauswurze thronen gern auf Trockenmauern.

Steinrosen sehen nicht nur sehr extravagant aus, sondern tragen überdies wunderschöne Namen. Da schmiegt sich 'Weißkugel' an 'Rheinkiesel', 'Clärchen' bezirzt 'Othello' und die blaugrüne 'Jade' sucht den Kontrast zur roten Rosette von 'Fuego'. Einzelne Rosetten gehen in Blüte und ziehen vor allem Wildbienen, Hummeln und Schmetterlinge an. Die Mutterrosetten sterben nach der Blüte ab, doch haben sie glücklicherweise bereits davor viele kleine Hauswurzkinder gebildet. So wächst meine Sammlung, durch zahlreiche Fundstücke ergänzt, ständig weiter.

Hauswurz lässt sich übrigens wunderbar mit *Sedum* kombinieren. Die niedrigen Arten überzeugen mit hübschen Blüten sowie extravagant geformten und gefärbten Blättern in frischem Gelbgrün, bläulichen Schattierungen bis zu Purpurrot. Kürzlich besorgte ich mir die Sorte 'Immergrünchen' und die entzückende 'Fuldaglut'. Im Katalog gefallen mir aber auch 'Angelina', 'Coral Carpet' und 'Tricolor'.

Sommer

Wer sich im Sommer über die Sonne freut, trägt sie im Winter im Herzen.

Rainer Haak (geb. 1947)

Wiesenwitwenblume – Mord am Morgen

... Ihr Stachelträger und gepanzerten Deckflügler, verteidigt mich und zeugt für mich ... Sagt, in welcher Vertrautheit ich mit Euch lebe, mit welcher Geduld ich Euch beobachte, mit welcher Genauigkeit ich Euere Bewegungen aufzeichne ... ich erforsche das Leben.

Jean-Henri Fabre (1823–1915)

Diese Zeilen schrieb der weltberühmte französische Entomologe über die Beobachtung von Insekten. Man muss nicht unbedingt Forscher sein, um an der krabbelnden, summenden, flatternden Insektenwelt Freude zu haben. Es braucht nur ein paar Blumen im Garten, die wahre Insektenmagnete sind, einen bequemen Gartenstuhl in einigem Abstand und schon können die spannenden Beobachtungen beginnen. Witwenblumen sind die Lieblinge von vielen kleinen Krabbeltieren. Dabei ist es ihnen scheinbar völlig egal, ob es sich um die einheimische, hellviolette Wiesenwitwenblume, um die weinrote mazedonische oder um eine der wilden Kreuzungen der beiden in allen nur erdenklichen Rot-, Violett- und Rosatönen handelt. An langen, schlanken Stielen schweben die nadelkissenartigen Blüten zu hunderten über dem Staudenbeet und warten auf Besucher. Sobald die Sonne sich am Morgen zeigt, geht der Ansturm auf die gar nicht traurig wirkenden Witwen los.

Wiesenwitwenblumen tanzen im Sommerwind.

Die Zeit vergeht wie im Fluge, wenn ich mit einem Bestimmungsbuch daneben sitze und herauszufinden versuche, wer sich da alles auf den Blüten tummelt. An einem Morgen im Juni habe ich mir die Mühe gemacht, die verschiedenen Blütenbesucher aufzuschreiben. Der erste Besucher war eine Langhornmotte mit kupfermetallig schimmernden Flügeln. Ich hatte noch nie zuvor ein solches Insekt gesehen, dessen Fühler viermal so lang sind wie der ganze Körper, und ich befürchtete, dass es beim Tänzeln und Nektarschlürfen Übergewicht bekommt. In der Zwischenzeit hatte auf einigen der anderen Blüten bereits Biene Maja mit allen ihren Freunden zum Brunch Platz genommen. Die

Honigbienen sind ganz verrückt nach den Witwenblumen. Sie folgen mir sogar, wenn ich einige Blüten für die Vase schneide, in den Fahrradkorb lege und nach Hause fahre, bis zur Haustür und sind sichtlich erbost, dass ihre Mahlzeit bei mir in der Vase endet.

Mit lautem Gebrumm landete als Nächstes eine Erdhummel auf einer der Nadelkissenblüten, die unter dem Gewicht des gut 20 Millimeter langen Insekts bedenklich schwankte. Die braungelben Querstreifen auf dem haarigen Körper der Hummel unterstreichen ihre rundlichen Körperformen, Längsstreifen wären für ihre Figur vorteilhafter. Nachdem sie ausgiebig gefrühstückt hatte, brummte sie davon. Ein Falter umkreiste eine andere Blüte in elegantem Gleitflug, bevor er sich zur Landung entschied. Der große Waldvogel klappte vor der Mahlzeit sorgfältig die Flügel zusammen und zeigte seine kleinen, gelblich umrandeten Augenflecken auf den samtbraunen Flügeln. Nachdem er ein paar Mal seinen Rüssel eingetaucht hatte, blieb er noch eine Weile und ließ sich von den Sonnenstrahlen wärmen. Erst als direkt neben ihm eine rotschopfige Sandbiene zur Landung ansetzte, flog er erschrocken davon. Die Wildbiene mit dem mondänen rotorangefarbigen Pelzjäckchen auf der Brustoberseite und dem schwarzen Hinterleib mit rötlich befranster Spitze sammelte Nektar und Pollen und flog bald wieder davon.

Den nächsten Besucher hatte ich vergessen zu bestimmen, denn kaum saß das pelzige Etwas ab, schoß unter der Blüte eine weiße Krabbenspinne hervor, packte es blitzschnell mit ihren beiden kräftigen, stark vergrößerten Vorderbeinen und tötete es mit einem Biss. Mir blieb die Luft weg. Fabre wäre jetzt sicher begeistert gewesen, mir aber war die Lust am Betrachten vergangen und ich wollte nicht mehr zusehen, wie die Veränderliche Krabbenspinne das durch Speichel zersetzte Insekt langsam aussaugte. „Ich war überzeugt, dass ... die Jagd noch einige Überraschungen für uns bereit hält. Aber die Zeit fehlt", schreibt Fabre über seine Insektenbeobachtungen. Ich hatte Überraschung genug und habe erst einmal einen Tee getrunken.

Die veränderliche Krabbenspinne lauert auf Beute.

Lavendel – Zauber in Violett

Der Lavendel

Der Lavendel ist die Seele der Haute-Provence. [...] Die Abende verströmen zur Zeit der Ernte seinen Duft. Die Farben des Sonnenuntergangs sind lauter Streu aus geschnittenen Blumen. Die rudimentären Brennkolben, aufgestellt in der Nähe der Zisternen, blasen rote Flammen in die Nacht. Ihre Rauchfahnen, die der Wind mit ein bisschen Karamelgeruch durchmischt, werden den Schlummer der einsamen Schläfer in der Einöde verzaubern. Wenn man diese Nächte und diese Tage erlebt hat, ist man schier angekettet an den Geist von diesem Duft. Es reicht dann schon ein Lavendelbüschel, aus dem euch, und zwar in einer Sprache von eigenartiger Dichte, die ganze Fülle essentieller Ungezwungenheit entgegenkommt, die den Zauber dieses Hochlandes ausmacht. [...] hier sucht euch Frische heim, die Ruhe, und die Größe der Haute-Provence zieht euch heftig zu sich hin und regt euch an. [...]

Jean Giono (1895–1970)

Schon lange hat mich der Zauber des Lavendels in seinen Bann gezogen. Meine Ferien verbrachte ich früher oft in der Provence. Gemeinsam mit Freunden half ich im Sommer den Bauern bei der Lavendelernte. Frühmorgens wurden wir auf dem Traktoranhänger zu den blühenden Feldern gekarrt. Alle erhielten einen Gürtel mit Schnüren sowie eine Sichel. Die Lavendelbuschreihen zwischen den Beinen, schnitten wir gebückt dicke Sträuße, die wir zu Garben banden und hinter uns legten.

Ein Bläuling labt sich am Lavendel.

Was wie eine Postkartenidylle aussah, war in Wirklichkeit harte Arbeit. Gefürchtet habe ich vor allem die Bienen, die ihre Honigquelle verteidigten, und die Vipern, giftige Schlangen, die oft auf dem steinigen Grund der Felder ihr Sonnenbad hielten.

Wenn die Felder am Mittag in der sengenden Sonne zu flimmern begannen, setzte man sich unter eine der alten Linden, trank kühles Wasser, roten Wein und genoss Oliven, Schafskäse, Brot und frische Feigen. Wenn die größte Mittagshitze vorüber war, wurde weiter gearbeitet. Gegen Abend lud man die Laven-

delgarben auf die Anhänger und fuhr zur Destillerie im Tal. Als Heizmaterial für den großen Kessel diente das ausgekochte Lavendelstroh des letzten Jahres. Der Widerschein des lodernden Feuers tauchte die Abende in einen orangeroten Schein und eine Lavendel-Rauchwolke zog durchs Tal hinauf bis zu unserem Haus. So lebte ich wochenlang eingehüllt in den sanften Lavendelduft auf hochsommerlichen Feldern und den würzigen Lavendelrauch provenzalischer Hochlandnächte. Noch heute lässt jedes Lavendelsträußchen den Zauber dieser wunderbaren Tage wieder in mir auferstehen.

In meinem Garten pflege ich Lavendel in verschiedenen Sorten, damit von Juni bis August Lavendelsaison ist. Stolz ließ ich Gäste stets an den Blüten riechen, denn ich dachte, es gäbe nichts Schöneres als diese „Mutter der ätherischen Öle", diese reine, alles umhüllende Liebkosung von Duft – bis zum letzten Sommer. Da stand eine junge Frau in meinem Garten und sagte, sie hasse Lavendel, er stinke nach alter Frau. Zunächst dachte ich, sie scherze. Dann wurde mir klar, dass wir Menschen unterschiedliche Erinnerungen mit Düften verbinden. Seither habe ich viele Menschen gefragt, wie Lavendel auf sie wirke. Für viele riecht die klassische Duftpflanze wie der Wäscheschrank der Großmutter und wird, je nach Oma, als angenehm frisch, romantisch altmodisch bis penetrant nach Mottenkugeln riechend bezeichnet. Die einen geraten ins Schwärmen über den Duft unendlicher Lavendelfelder unter dem blauen Himmel der Provence, während andere den Geruch als muffig ablehnen. Waschmittel und Seife werden genauso assoziiert wie englisches Rasierwasser. Lavendel erinnert an wunderbare Badewonnen, schnelle Hilfe bei Migräneanfällen oder Katzenstreu. Wie unterschiedlich die Wahrnehmungen und Meinungen doch sein können!

Kohlweißling in violettem Lavendelfeld

Ich liebe diesen Duft und schütze mit Lavendelsäckchen meine Kleider im Schrank vor Motten. Denn diese haben für die Mystik des Lavendels kein Gespür, ist ihnen doch sein Duft genauso lästig wie Mottenkugeln.

Nachtviole – Duftender Mittsommernachtstraum

Kannst du wissen?

Kannst du wissen, ob von deinem Hauche
Nicht Atome sind am Rosenstrauche?
Ob die Wonnen, die dahingezogen,
Nicht als Röslein wieder angeflogen?
Ob dein einstig Kindesatemholen
Dich nicht grüßt im Duft der Nachtviolen?

Christian Wagner (1835–1918)

Wie so viele andere Schönheiten fand die Nachtviole von der Pflanzentauschbörse in meinen Garten. Die Dame, die den Setzling brachte, empfahl sie als wunderbar duftend mit zartlila Blüten. Da das unscheinbar daherkommende Pflänzchen keinen anderen Abnehmer fand, nahm ich es mit und setzte es in die Staudenrabatte. Dort verschwand es dann unter der Flut der üppig sich ausbreitenden anderen Stauden. Wer in meinem Garten wachsen will, der muss sich durchsetzen können, da meine Pflanzenliebe dazu führt, dass ich manchmal die floralen Schätze viel zu dicht setze. Außerdem müssen Neuankömmlinge schneckenresistent sein, denn ganze Horden von *Arion vulgaris*, der Spanischen Wegschnecke, durchforsten nachts die Beete nach Fressbarem. Von manchen Pflanzen gibt es dann am nächsten Tag nur noch kleine Stummel, wenn überhaupt.

Der Distelfalter wird vom Duft der Nachtviolen angelockt.

Aufmerksam wurde ich auf die Nachtviole erst wieder im nächsten Mai, als neben den orangefarbigen späten Tulpen plötzlich knallig violette Blütenwolken tanzten. Sie hatte die Feuerprobe bestanden, eigentlich hätte ich sie loben sollen, aber wieso hatte ich sie um Himmelswillen zu den orangenen Tulpen gesetzt? Ein farbliches No-Go! Als die Tulpen endlich verblüht waren, zeigte die Nachtviole ihre ganze Pracht. Schon am Morgen genoss ich ihren Wohlgeruch beim Vorbeigehen und ab dem späten Nachmittag steigerte sie die Duftintensität noch, sodass der ganze Garten mit Veilchenparfüm erfüllt war.

Viele Insekten wurden vom betörenden Duft magisch angezogen. Schwebfliegen, Bienen und Schmetterlinge umschwirrten die violetten Blüten. Ich konnte sogar die seltene Schöterich-Mauerbiene beobachten. Der Run auf die Blüten ging auch noch in der Dunkelheit weiter. Der starke Duft zog nachtaktive Insekten an: Schwärmer und Motten mit langen Rüsseln saugten den Nektar aus den Blüten. Dieser nächtliche Blütenbesuch zog wiederum die Fledermäuse an, die lautlos über den Garten flatterten und nach den gaukelnden Happen schnappten.

Leider zählt die Nachtviole nicht zum Fähnlein der sieben Aufrechten. Sie legte ihre etwa einen Meter hohen Blütenstiele nach allen Seiten. Schon im nächsten Jahr sorgte der Nachwuchs überall im Garten für überschwänglichen Duft und violette Blütenwolken. Sie gehört zu den floralen Gartenvagabunden, Pflanzen, die gerne mitgärtnern wollen und von mir eine gewisse Nonchalance erwarten. Die Natur scheint übrigens einen göttlichen Instinkt dafür zu haben, wo sie ihre Pfleglinge ansiedelt, denn nie erschien eine Selbstsaat jemals wieder neben den orangefarbigen Tulpen.

Durch Kreuzung von violetten und weißen Blüten entstehen Streifen.

Begeistert von den Nachtviolen holte ich mir auch noch eine weiß blühende in den Garten, in der Hoffnung, dass dann die Mendelschen Vererbungsregeln dafür sorgen würden, dass ich sowohl knallig violette als auch weiße und rosafarbige Exemplare im Garten vorfinden würde. Doch die Nachkommen im nächsten Jahr waren fast alle violett-weiß gestreift. Ziemlich scheußlich! Nur zwei weiße, weder Violett noch Rosa. Aber überall dieser gestreifte Mischmasch. So tief enttäuscht ich auch war, ein Gartenbesucher zeigte sich hell begeistert von dieser seltenen Streifen-Sorte und nahm einen ganzen Arm voll Samenstände mit. Ich war froh, dass ich sie los war. Seither blühen in meinem Garten nur noch einige Weiße. Allerdings berichtete mir der Gartenbesucher ein Jahr später, dass sich unter den ausgesäten Nachtviolen leider keine einzige Gestreifte befunden habe, sondern nur violette, weiße und rosafarbige Blüten. Die Mendelschen Regeln sind wohl doch etwas komplizierter, als ich es mir gedacht habe. Oder halten sich die Pflanzen etwa gar nicht immer an diese Gesetze?

Feuerwanzen – Feurige Krabbelei

Nun gilt's, daß einen Blick man werfe
Auf die Insekten oder Kerfe.
Wenn auch darunter viele sind,
Die glaubt zu kennen jedes Kind –
Maikäfer, Schmetterlinge, Bienen –,
So sind doch manche unter ihnen,
Die selbst der hohen Wissenschaft
Noch neu sind oder rätselhaft.

Eugen Roth (1895–1976)

Rätselhaft ist für mich die Invasion der Feuerwanzen. Kaum erwärmt sich im Frühjahr der Gartenboden, ertönt aus den Nachbargärten der erschreckte Hilferuf: „Feuerwanzen!" Kleine schwarz-rote Insekten erobern invasionsartig den Garten und bringen die Freizeitgemüsebauern in Bedrängnis. Die einen beschreiben sie als „Käfer, gezeichnet wie die Schilder afrikanischer Krieger", andere finden, „sie sehen aus wie kubistische Gemälde". Wenn man sie vertreiben will, verströmen sie einen üblen Geruch, mit dem sie sich ihre Feinde fernhalten. Die Nachbarn möchten den Feuerwanzen am liebsten die Pest an den Leib wünschen, sie totspritzen, ein Versammlungsverbot für die feuerroten Kerbtiere erlassen oder ein Schild aufstellen „Privatbesitz, Eintritt für Feuerwanzen verboten". Da nützt es wenig, wenn ich den Leuten versichere, dass es sich bei den Tierchen um harmlose Gartenbewohner handelt, die nur an Samen saugen. Sie stehen weder auf Blumen noch auf Gemüse und können unmöglich den ganzen Garten leer saugen.

Die hübsch gemusterten Feuerwanzen sind harmlose Gartengäste.

Bei mir sind die auffälligen Krabbeltiere erst seit einigen Jahren Dauergäste. Zuerst gab es sie nur im nahen Friedhof an den Linden. Wenn ich mit den Kindern einen Spaziergang durch die mit vielen alten Bäumen bestandene Allee machte, bestaunten sie die auf den Stämmen sich sonnenden Design-Wanzen. Wissenschaftlich heißen die Gemeinen Feuerwanzen *Pyrrhocoris apterus*; sie sind keine Käfer, werden aber im Volksmund auch Feuer- oder Schusterkäfer genannt. Im Winter bleiben sie in ihren Verstecken. Mit den ersten Strahlen der Frühlingssonne erschei-

nen sie schließlich und das gleich massenhaft. Ich frage mich jedes Mal, wo die wohl alle herkommen. Meist treffen sie sich zu Hunderten auf dem trockenen Laub unter dem Dachvorsprung des Gartenhäuschens. Die Tiere verströmen ein Pheromon, das sie veranlasst, sich in großen Gemeinschaften zusammenzufinden. Das verschafft ihnen natürlich auch eine behagliche Wärme und die Masse irritiert nicht nur ihre Feinde, sondern eben auch Gärtner.

Das Dicht-an-dicht-Sitzen bringt den Energiehaushalt der rot-schwarzen Armada in Schwung. In der gemütlichen Runde kommt man sich sichtlich näher, die liebestollen Männchen geraten regelrecht in einen Paarungsrausch und so werden die Feuerwanzenversammlungen zu Gruppensexorgien. Die typische Paarungsstellung Po an Po ist bei vielen der Wanzen zu sehen. Und da der Prozess des Liebesaktes bis zu 30 Stunden dauern kann, sieht man die Wanzenpaare wie Tandemfahrer im Doppelpack durch den Garten laufen. Wer nun aber meint, dass das Männchen seine Geliebte abschleppt, der irrt. Es ist Frau Feuerwanze, die ihren Gemahl herumzerrt, um für die Eiablage günstige Stellen zu suchen. Den geschlüpften Jungtieren fehlt die schwarze Zeichnung, die bekommen sie erst nach fünf Häutungen.

Feuerwanzen treten oft in Massen auf.

Die zweite auffällige Versammlung der Feuerwanzen beginnt mit der Reife der Malvensamen im Herbst, ihrer Lieblingsspeise neben den Linden. Auf den wie kleine Käselaibe aussehenden Samenkapseln sitzen immer mehrere von ihnen und deuten an: Hier ernten wir die Samen, scher dich weg. Ab und zu erweitern sie ihren Speiseplan auch um Schadinsekten oder fressen kannibalisch ihre Artgenossen. Neu sind die Feuerwanzen der Wissenschaft allerdings nicht. Es waren die Feuerwanzen, an denen H. v. Henking 1891 erstmals das X-Chromosom entdeckte – die Antwort auf die Frage, wodurch sich Mann und Frau genetisch unterscheiden. Heute sind die Feuerwanzen wieder im Fokus der Forscher, da sie eine Form der Immunabwehr ausgebildet haben, die auch für Menschen interessant ist. Vielleicht würden die Gartennachbarn sie lieben, wenn sie das alles über die Feuerwanzen wüssten.

Storchschnabel – Globalisiertes Staudenmonster

Die blaue Blume
Ich suche die blaue Blume,
Ich suche und finde sie nie,
Mir träumt, dass in der Blume
Mein gutes Glück mir blüh.

Ich wandre mit meiner Harfe
Durch Länder, Städt und Au'n,
Ob nirgends in der Runde
Die blaue Blume zu schaun.

Ich wandre schon seit lange,
Hab lang gehofft, vertraut,
Doch ach, noch nirgends hab ich
Die blaue Blum geschaut.

Joseph von Eichendorff (1788–1857)

Der Dichter hätte zu der Chelsea Flower Show gehen sollen, die jeden Mai in London stattfindet. Jährlich wird eine Pflanze des Jahres und alle zehn Jahre eine des Jahrzehnts gewählt. 2013 wurde aus Anlass der 100. Gartenschau sogar eine Jahrhundertpflanze auserwählt. Siegerin war die blaue Blume Geranium 'Rozanne', eine Zufallskreuzung aus einem Garten in Somerset. Im Katalog wird sie folgendermaßen beschrieben: „Ihre großen blauen Blüten mit dem weißen Auge in der Mitte und den filigran gezeichneten, purpurfarbenen Streifen erscheinen von Mai bis November." Ein Traum für jeden Staudenliebhaber; denn mehr Blau geht gar nicht. Sie treibt zahllose Blüten und wird als idealer Begleiter von Rosen empfohlen, weil sich ihre langen Triebe mit den Rosen verweben.

Unschuldig blau leuchtet der Storchschnabel.

Ich war begeistert, als ich das zum ersten Mal las, und in meinen Gedanken entstanden bereits wunderschöne Gartenbilder von blauen Blüten, die sich zart an meine Rosen schmiegen ... Ich kaufte die Staude bei der erstbesten Gelegenheit. Aber ich hätte

es besser wissen müssen. Da war schon einmal so ein hübscher, vielgelobter Storchschnabel, der sich durch enthusiastische Beschreibungen in mein Herz und damit in meinen Garten geschlichen hatte. Er galt als begehrteste Sorte des Blutstorchschnabels, die Kataloge versprachen ununterbrochene Blüte bis zum Herbst und lange Triebe, die sich durch die Rosen ranken und mit ihren karminroten Blüten attraktive Gartenbilder schaffen. Der Name 'Tiny Monster', winziges Monster, hätte mich damals warnen sollen. Aber was andere begehrten, wollte ich auch. Schon im ersten Jahr zeigte der angebliche Winzling eine ungeheure Wuchskraft und verließ die zugedachte Fläche von einem halben Quadratmeter großzügig. Im zweiten Jahr sah man keine Rosen mehr, der Storchschnabel hatte sie unter sich begraben. Statt der im Katalog angegebenen 40 Zentimeter Höhe erreichte er freistehend über einen Meter und rankte sich gar noch höher. Rückschnitt machte ihn nur noch wüchsiger. So endete das karminrote Gartenmonster auf dem Kompost.

'Rozanne' trieb es noch schlimmer: In den ersten zwei Jahren gab sie sich noch bescheiden. Doch dann überstiegen die unschuldigen blauen Blütenaugen die Kataloghöhe von 50 Zentimetern, stiegen auf über einen Meter und verdrängten die Nachbarpflanzen gnadenlos. Lediglich der zwei Meter hohe Riesenschuppenkopf konnte ihnen entfliehen. Zum Glück, denn anders als an dem Schuppenkopf, der von vielen Insekten besucht wird, sah ich an 'Rozanne' kaum Krabbeltiere. Sie ist steril und ökologisch tot. Sie produziert keine Samen und mag sich weder als Steckling noch als Wurzelschnittling vermehren. Die Vermehrung erfolgt im Labor aus Zellkulturen. Abertausende von Klonen werden in asiatischen Labors gezüchtet. Holländische Handelsgärtnereien und Saatgutproduzenten beliefern Gärtner weltweit mit den Laborbabys. Die schöne blaue Jahrhundertstaude entpuppt sich als globalisierter Klon. Das Labor-Monster wird meinen Garten verlassen müssen und stattdessen wird der bewährte Orion an seine Stelle treten. Er blüht blau, lange und ist gut für Insekten. Das nächste Mal, wenn Gartenkataloge und Fachwelt in Jubel ausbrechen, werde ich zweimal überlegen. Denn nicht alles ist toll, was andere begehren. Selbst eine Jahrhundertstaude nicht.

Die Sorte 'Orion' lockt viele Insekten an.

Pinselkäfer – Smaragdkäfer liebt Pelzträger

Die Launen der Verliebten
Der Käfer saß auf dem Zaun, betrübt;
Er hat sich in eine Fliege verliebt.

Du bist, o Fliege meiner Seele,
Die Gattin, die ich auserwähle.

Heirate mich und sei mir hold!
Ich hab einen Bauch von eitel Gold.

Mein Rücken ist eine wahre Pracht;
Da flammt der Rubin, da glänzt der Smaragd ...

Heinrich Heine (1797–1856)

Die goldglänzenden Smaragdkäfer sind häufige Gäste in meinem Garten und pflegen ihre Kinderstube im Komposthaufen. Bei mir hat sich der Rosenkäfer, *Cetonia aurata*, allerdings nicht in eine Fliege verliebt, sondern in ein wunderhübsches, kleines, fliegendes Pelztierchen. Das mit dem Verliebtsein ist natürlich nur eine Annahme von mir, vielleicht waren sie ja auch einfach nur gute Freunde. Jedenfalls sah ich die beiden im Juni oft zusammen. Zuerst zog mit schwerem Flug laut brummend der Rosenkäfer an mir vorbei und landete erstaunlich geschickt auf der Blüte der Akeleiblättrigen Wiesenraute. Schon seit Jahren gehört der Pollen dieser attraktiven einheimischen Feuchtwiesenpflanze zu den Lieblingsspeisen der glänzend gepanzerten Käfer. Die Wiesenraute erreicht mit 150 Zentimetern Höhe eine stattliche Größe und in ihren helllila Blütenrispen, die sich aus hunderten Büscheln mit langen Staubgefäßen zusammensetzen, machte sich der metallisch schimmernde Käfer fast unsichtbar. Doch nur für seine Feinde. Denn nach kurzer Zeit brummte es wieder, jetzt aber in viel zarterem Ton, und ein kleines putziges Kerlchen landete direkt neben dem Rosenkäfer im wirren Lilagestrüpp. So etwas Liebliches hatte ich in meinem Garten bislang

Rosenkäfer und Pinselkäfer auf Wiesenraute

noch nicht gesehen. Auf der oberen Rückenpartie trug es ein orangefarbiges Pelzjäckchen, was mich zuerst glauben ließ, es sei eine Wildbiene. Die Flügelpaare sahen aber aus wie mit Tiger-fell überzogene Käferflügel, mit hellgelbem Grund und lustigen schwarzen Streifen. Darunter verbarg sich zartes Fell in cremeweißen Farbtönen. Über Stunden stöberten die beiden ungleichen Freunde auf den Blüten herum, unzertrennlich, immer ne-beneinander auf derselben Blütenrispe. Am liebsten hätte ich den kleinen Fellkäfer gestreichelt, um zu sehen, ob sein Haar-kleid sich so weich anfühlte, wie es aussah, aber ich hatte Angst, ihn zu vertreiben.

Abends fand ich den Kuscheligen im Bestimmungsbuch: Ge-bänderter Pinselkäfer, *Trichius fasciatus*, heißt das ulkige Tier und ist in Mitteleuropa weit verbreitet. Es legt seine Eier in Tot-holz, wo sich die Larven während zweier Jahre vollfressen, bis sie sich im Mai verpuppen und die Käfer schlüpfen. Aha, du hast also meinen alten Hackklotz auf dem Gewissen, dachte ich bei mir, denn der lag vergangenen Frühling völlig durchlöchert ne-ben dem Kompost.

Am nächsten Tag saßen die beiden Verliebten wieder nebenei-nander und schmausten gemütlich den Pollen einer Rosenblüte, noch immer waren sie unzertrennlich. Einen Tag später hatten sie sich die Blüten des Mädesüß zum Frühstück ausgesucht. Ich weiß nicht, welche Raritätenbesuche sie auf ihrem Reisepro-gramm durch meinen Garten noch vorhatten, denn das Glück der beiden hielt nicht an: Es kam die Trennung – und es war meine Schuld.

Das alles ereignete sich so: Ich führte ein Kamerateam durch meinen Garten, das einen Film über geheime Gärten in Zürich drehte. So etwas mache ich ja nun nicht täglich und voller Stolz zeigte ich all meine Wildblumenschätze und andere Besonder-heiten, mit denen ich glänzen konnte. Mein wundersames Lie-bespaar sparte ich mir bis zum Schluss auf, ehe ich es der Kame-ra und damit der Welt vorführte. Doch das war dem Rosenkäfer wohl zu bunt oder er wollte nicht mit dem Pelzträger gesehen werden. Jedenfalls flog er mit wütendem Gebrumm auf Nimmer-wiedersehen davon und überließ seinem kleinen Partner den Starauftritt. Vielleicht wusste der alte Liebhaber aber auch, dass diese Freundschaft sowieso nur von kurzer Dauer sein würde. Denn während Rosenkäfer ein bis zwei Jahre leben, sterben die schmucken Pinselkäferchen bereits nach vier bis acht Wochen …

Herbst

Der Herbst ist der Frühling des Winters.

HENRI DE TOULOUSE-LAUTREC (1864–1901)

Astern – Blumiges Sternengefunkel

Die bunten Astern

Die bunten Astern sind wie ein Regenbogen
In den nassen Garten eingezogen,
Wie Gesichter, die schon etwas frieren.
Die großen Äpfel an den Spalieren,
Die hängen wie trutzige Köpfe dort;
Bald trägt sie mein Schatz in der Schürze fort.
Der Morgen ist kalt und die Blätter sind alt;
Bald hat die Nacht ständig die Obergewalt.
Und wenn die Astern den Garten verlassen,
Wird der Winter die Menschen anfassen.
Trag Jeder seinen Garten beizeiten ins Haus,
Bei einem Schatz geht der Sommer nicht aus.

Max Dauthenday (1867–1918)

Ein kleiner Bläuling gaukelt durch den herbstlichen Garten und landet zielsicher auf 'Alma Pötschke', der Raublattaster. Genüsslich taucht er seinen Rüssel in die Nektarbar ihrer knallig pinken Blüten. Emsige Bienen und Schwebfliegen machen sich die süßen Nektarcocktails der Sternenblumen streitig. Auf allen Astern herrscht reges Summen und Brummen. In Tausenden von Blütensternen schwelgen die Insekten noch einmal so richtig. Mit ihren fröhlichen Blüten wirken die Astern wie aneinandergereihte bunte Gänseblümchen. Sie erinnern kaum mehr an die traurige Geschichte ihrer Entstehung, wie sie in der griechischen Mythologie beschrieben ist. Es heißt darin, Astraea, die Göttin der Unschuld, habe einst mit den Menschen zusammen auf der Erde gelebt, zog sich aber, als die Schlechtigkeit der Menschen zunahm, ins Sternbild der Jungfrau zurück. Da strafte Zeus die Menschen mit einer Flut; alle kamen darin um außer einem Pärchen, das danach traurig und verloren über die Erde wanderte. Astraea weinte aus Mitgefühl mit den beiden bittere Tränen. Und dort, wo ihre Tränen auf die Erde fielen, wuchsen Sternenblumen, die mit ihren strahlenden Blütenköpfchen an ihre himmlische Herkunft erinnern.

Insekten lieben die Sternblüten.

Über meinem Garten muss Astraea besonders viele Tränen vergossen haben, denn die Astern leuchten in Hell- und Dunkelblau, Violett, Pink, Karmin und Weiß. Und da einige von ihnen einen starken Ausbreitungsdrang haben – man könnte sogar unschön sagen, sie wuchern – wird die Asterngesellschaft immer zahlreicher. Ich liebe Astern und kann gar nicht genug von ihnen haben. Eine herbe Enttäuschung erlebte ich allerdings durch einen unbedachten Kauf. Daran waren aber nicht so sehr die Astern schuld, sondern meine eigene Naivität. Es war Herbst und die kleinen, blauen Asternbüschchen standen in Töpfen aufgereiht; so richtig kleine hübsche Dinger. „*Aster novae angliae*, 30 Zentimeter hoch, mehrjährig" stand auf dem Schild des Großverteilers. Ich konnte meiner Pflanzenkauflust nicht widerstehen, zumal die Pflanzen recht günstig waren. Ich erstand gleich drei Töpfe, denn ich wollte die lieblichen Kleinen als Abschluss an den Beetvordergrund setzen. Sie überstanden den Winter gut und zeigten kräftige Blätter. Und dann begannen sie zu wachsen. Ich hätte es wissen müssen, denn in keinem Gartenkatalog gibt es niedrige Raublattastern von 30 Zentimetern Höhe, sondern nur solche von 1,20 Metern und mehr. Die 30 Zentimeter erreichten sie schon Anfang Mai und ausgewachsen thronten die Blüten in der stolzen Höhe von 1,50 Metern.

Astern zaubern Farben in den Herbstgarten.

Die Fehlplanung war perfekt, der nach vorne abfallend geplante Beetrand reckte sich auf staksig hohen Stängeln in schwindelerregende Höhe. Ich musste die in den Himmel strebenden Sternchen anbinden, was den Anblick noch verschlimmerte. Die dahinter wachsenden Stauden waren über die unverhofften Riesen, die ihnen die Sonne klauten, ebenfalls nicht erfreut. Ich vermute, die hoch wachsenden Neuengländerinnen wurden vor dem Verkauf durch Schnitt klein gehalten. Endlich dem niederdrückenden Regime der Massenproduktion entronnen, wollten sie nun zeigen, was sie können.

Die unverschämten Sternchen werden sich jedoch an einen neuen Platz gewöhnen müssen. Nach der Blüte kommen sie an den Gartenzaun, wo sie mit ihren dunkelblauen Blüten einen Kontrast zur gelben Sonnenbraut bilden. So lässt sich der durch naive Pflanzenlust entstandene Fehler der Gärtnerin leicht beheben.

Rosen – Empfindliche Schönheiten

Komm in den totgesagten park und schau:
Der schimmer ferner lächelnder gestade
Der reinen wolken unverhofftes blau
Erhellt die weiher und die bunten pfade

Dort nimm das tiefe gelb das weiche grau
Von birken und von buchs, der wind ist lau
Die späten rosen welkten noch nicht ganz
Erlese küsse sie und flicht den kranz

Vergiss auch diese lezten astern nicht
Den purpur um die ranken wilder reben
Und auch was übrig blieb von grünem leben
Verwinde leicht im herbstlichen gesicht.

[...]

Stefan George (1868–1933)

Rosen bezaubern jeden Gartenliebhaber, vom Schrebergärtner über Balkongärtnerinnen bis zur englischen Gartenlady und stolzen Villenbesitzern. Auch ich bin ihrem Charme verfallen. „Noch ist die blühende, goldene Zeit, noch sind die Tage der Rosen", lauten die Zeilen eines Gedichts des Schriftstellers Otto Roquette. Noch sind auch in meinem Garten die Tage der Rosen, aber sie sehen eher aus wie in obigem Gedicht: „... was übrig blieb von grünem leben". Die berühmte englische Gartenbuchautorin Vita Sackville-West schwärmte einmal über ihre Rosen: „Sie verlangen so wenig und geben so viel." Wie viel Chemie setzte ihr Obergärtner dazu wohl ein?

Zauberhafte einfache Rosenblüte

So viele Freunde die Rose hat, sie hat auch viele Feinde. Es gibt kaum eine Pflanzenart, der eine solch große Menge an feindlich Gesinnten gegenüber steht. Die einen lieben sie, die anderen haben sie zum Fressen gerne. Bei den tierischen Feinden reicht das Spektrum von Wurzelgallennematoden über Blatt- und Schildläuse, Rosenzikaden, Spinnmilben, Blattroll- und Gallwespen, Blattschneiderbienen bis hin zu Schmetterlingsraupen und un-

zähligen Käfern. Dazu kommen die vielen Pilze, die keineswegs die Absicht haben, in einem leckeren Pilzragout zu landen. Sie haben es hinterhältig auf unsere Königin der Blumen abgesehen. Es beginnt bereits im Frühjahr. Wo man eigentlich den glatten Scherenschnitt des letzten Jahres sehen sollte, klaffen schwarze Löcher im Holz. Ein untrügliches Zeichen für den Befall durch die Rosentriebbohrersippe, welche die Gärtner auch als „Röhrenwürmer" bezeichnen. Diese Unholde teilen sich in zwei Gruppen: Die einen fressen sich aufwärts der Triebspitze zu, die anderen bohren sich abwärts Richtung Wurzel. Die Rosen müssen für ihren Erhalt bis ins gesunde Holz zurückgeschnitten werden.

Öffnen sich die ersten Rosenblüten, beginnt die Blattrollwespe ihr Unwesen zu treiben. Plötzlich tauchen eingerollte Blätter auf, die durch den Einstich der Wespe entstehen. Das Gemeine dabei ist, dass nur in jedem vierten Blatt wirklich eine Larve steckt, die man mitsamt dem Blatt entfernen könnte. Die anderen Blätter hat die Wespe nur angestochen, um die Rosenfreundin zu ärgern. Man müsste jedes Blatt aufrollen und nachschauen, ob sich darin ein Würmchen befindet. Hinzu kommt noch der Rosenrost und tut so, als seien die Gartenschönheiten aus Eisen und könnten rosten. Üble gelborangene Pusteln zeigen sich auf der Blattunterseite und bald darauf werden die Blätter braun und fallen ab.

Hat man mit frühem Spritzen oder Ausschneiden auch diese Gefahr abgewehrt, ziehen die Pilzhorden mit härteren Geschützen ins Feld und schicken den Sternrußtau vor. Wer außer dieser hinterhältigen Pilzart bringt schon Sterne mit Ruß in Verbindung? Innerhalb kurzer Zeit bilden sich schwarzbraune Flecken auf den Blättern, die gelb werden und abfallen.

Während einige Rosen unbeirrt all diesen Feinden trotzen und wunderschön weiterblühen, erwischt es andere stark. Mit ein wenig guter Pflege werden sie aber nächstes Jahr im Mai wieder blühen, als sei nichts gewesen. Den Gurken und Kürbissen verzeihe ich, dass sie bei dem verregneten Herbst Mehltau bekommen. Warum nur stellen wir an die Rosen so hohe Ansprüche, dass sie bis zum Winter völlig unbeschadet bleiben sollen? So freue ich mich denn lieber an den bescheiden auftretenden resistenten Sorten, die mir noch späte Blüten schenken und an manch kahlem Zweig tapfer eine letzte, zarte Knospe öffnen. Denn noch sind die Tage der Rosen!

Die Rose 'Mozart' trägt wildrosenartige Blüten bis zum ersten Frost.

Samenklau – Die große Versuchung

Es war ein kleines Samenkorn
Die Erde deckt es zu.
Die Luft war rau, der Wind blies kalt
Da schlief's in guter Ruh.
Doch als die Sonne höher kam,
und auf die Erde sah,
da war das Samenkörnlein wach,
die Frühlingszeit war da.
Bald drückte durch die Erde sich
ein dünnes Stängelein.
Und gar nicht lang da wuchsen dran
zwei Blätter grün und fein.
Und Regen, Sonnenschein und Wind
die hüten es gar fein,
wir laufen jeden Tag hinaus,
wie groß wird's morgen sein?

Kinderlied von Erika Schirmer (geb. 1926)

Zur Ausrüstung meiner Kameratasche gehören auch einige leere Samentütchen. Sie warten auf Schätze, die man so im Vorbeigehen erhaschen kann. Beverley Nichols, der englische Gartenbuchautor, fragt sich in einem seiner Bücher, ob er wohl der einzige Gärtner sei, der schon einmal so tief gesunken ist, dass er in einem öffentlichen Garten eine Samenkapsel entwendet hat? Nein, ist er sicher nicht! Viele Gartenbesucher haben den typischen Beuteblick mit dem fragenden Ausdruck: Was kann ich aus diesem Garten so alles mitnehmen? Gerade in den vielbesuchten Gärten in England leidet die Bepflanzung oft unter dem Zupfen und Rupfen unbefugter Hände, dem „finger blight". Spezielles Wachpersonal hat daher in den Royal Botanic Gardens in Kew bei London besonderes Augenmerk auf ältere Damen mit Handtaschen oder Regenschirmen, die sich mit unschuldigem Blick und harmlosem Trällern in unbeobachteten Momenten Samen oder Ableger aneignen. Oft gestatten aber die Gartenbesitzer die Samenentnahme, wenn man sie danach fragt, denn manche Pflanzen bilden Samen in rauen Mengen.

Manche Pflanzen produzieren verschwenderisch viele Samen.

Die schönen, hellgelb blühenden Skabiosen, *Scabiosa ochleurea*, sind aus einer Wildstaudenpflanzung per Fototasche zu mir in den Garten gekommen. Sie passen wunderbar zu den blauen Kugeldisteln; auch sie ein Mitbringsel. Die Samen der porzellanweißen Taglilien konnte ich an einer französischen Schlossmauer ernten. Von dort stammt auch der dunkelrote Fransenmohn. Ebenfalls aus Frankreich kommen die verschiedenfarbigen Spornblumen in Weiß,

Hellrosa, Karmin- und Hellrot. Vorsichtig bin ich hingegen bei Malvensamen, denn ich möchte nicht die Larven des langrüssligen Stockrosen-Spitzmäuschens mit in meinen Garten nehmen. Diese südliche Käferart ist ein eifriger Samenfresser. Man muss die Samenkapseln sorgfältig öffnen und die Samen einzeln entnehmen, damit man keine Larven einschleppt.

Oft dienen meine Samentüten auch zum Transport von Ablegern. So stammen der hübsche weiße Mauerpfeffer und einige Hauswurzrosetten von einer Rebbergmauer im Elsass. Nie wieder aber werde ich versuchen, meiner Kakteen liebenden Freundin ein Ohr des Feigenkaktus mitzubringen. So ein Teil lag am Straßenrand in Zypern unter einem großen Ohrenkaktus. Ich schob es behutsam in die Tüte. Drei Tage habe ich gebraucht, bis ich mit einer Pinzette die Stacheln aus meinen Fingern entfernt hatte.

Eigentlich versteht es sich von selbst, dass man in einer Gärtnerei nichts abpflückt. Aber manchmal ist die Pflanzengier stärker als die Vernunft. So geschehen bei einer Reise mit den Staudenfreunden zu einer französischen Gärtnerei mit Schaugarten. Die Pflanzenliebhaber stürmten geradewegs auf die wunderschönen Storchschnäbel mit den weißen Blüten mit blauen Adern zu, die bereits erste Samen angesetzt hatten. Wie eine Furie hetzte die Gartenbesitzerin hinterher und belehrte sie, dass in ihrem Garten nichts gepflückt werden dürfe. Noch heute ist sie auf die Staudenfreunde aus der Schweiz nicht gut zu sprechen. Gelassener erlebte ich Dieter Gaissmayer in seiner Gärtnerei im Allgäu, als er zwei Damen dabei erwischte, wie sie mit einem Kaffeelöffel die Sämlinge des Blauen Beinwells ausgruben, die sich im Kies versamt hatten. „Nehmen Sie sie nur mit", sagte er zu den ertappten Damen und ein Schmunzeln huschte über sein Gesicht. „Ich bin ganz froh, wenn Sie mir helfen, sie loszuwerden. Hätte ich gewusst, dass diese Pflanzen einen solch aggressiven Ausbreitungsdrang entwickeln, hätte ich sie nie in mein Sortiment aufgenommen."

Spatzen – Alle meine Spatzen

Die drei Spatzen

In einem leeren Haselstrauch,
da sitzen drei Spatzen, Bauch an Bauch.
Der Erich rechts und links der Franz
und mitten drin der freche Hans.
Sie haben die Augen zu, ganz zu,
und obendrüber, da schneit es, hu!
Sie rücken zusammen dicht an dicht,
so warm wie der Hans hat's niemand nicht.
Sie hör'n alle drei ihrer Herzlein Gepoch.
Und wenn sie nicht weg sind, so sitzen sie noch.

Christian Morgenstern (1871–1914)

Dicht gedrängt sitzen die Spatzen auf dem Brombeergerüst. Es ist kalt. Mit ihrem aufgeplusterten Federkleid sind sie kugelrund wie kleine Bälle, genauso wie in dem Kindergedicht. Doch sitzen neben Erich, Hans und Franz auch Ida, Berta und Johanna ... Ginge ich näher, flögen sie laut schimpfend davon und flüchteten in Nachbars Feuerdornstrauch. In dem stachligen Geäst mit den glänzenden, grünen Blättern verstecken sie sich immer, wenn Gefahr lauert. Doch das aufgeregte laute Tschilpen und das Wackeln der Blätter verrät ihre Anwesenheit. Wenn sie sich wieder in Sicherheit wiegen, verlassen sie nacheinander das stachlige Versteck.

Wohlig drehen sich die Spatzen in ihren Sandbadewannen.

Wir hatten ein abwechslungsreiches Gartenjahr miteinander. Im letzten Winter saßen sie oft in der Nähe des gut gefüllten Vogelfutterhäuschens des Nachbarn und stritten um das Futter. Den Kleibern überließen sie den Futterplatz unter lautem Protest. Auch die dreiste Blaumeise konnte sich Respekt verschaffen und schlug die Spatzenbande regelmäßig in die Flucht. Dann nahmen sie Beobachtungsposition im Pflaumenbaum ein und kaum war die Meise satt, eroberten sie die Futterquelle zurück.

Im Frühjahr hörte man an den leisen, gezogenen und nasalen Lauten, welche die Spatzen von sich gaben, dass Amors Pfeil sie getroffen hatte. Die Männchen lieferten sich heftige Kämpfe. Den Kopf tief vorgebeugt, den Schwanz gefächert und angeho-

ben, die Rückenfedern gesträubt, die Schnäbel geöffnet und die Flügel abgewinkelt hackten sie auf den Rivalen ein. Manchmal gingen die Kämpfe auch noch flatternd in der Luft weiter. Ihre Nester bauten die Spatzen unter den aufliegenden Dachpfannen der nahen Häuser. Dabei sind sie nicht gerade ordentlich: Strohhalme, Wollfäden, Papierstücke und Stofffetzen werden übereinander geschichtet und hängen meist noch aus dem Einflugloch heraus. Die Spatzen sind allerdings gewitzt, haben sie doch gelernt, nur noch jene Ziegel am Rand des Daches zu benutzen, die von den räuberischen Krähen nicht angehoben werden können.

Zur Körperpflege kamen die Spatzen in meinen Garten und planschten ausgiebig in der Vogeltränke. Danach begab sich das Völkchen zum Kiesweg, wo sie ihre Staubbadmulden besuchten. Sie drehten und wendeten sich in den runden Erdmulden, bis genügend Staubladungen ihr Federkleid in Einheitsgrau gefärbt hatten. Danach widmeten sie sich im Holunder der Gefiederpflege.

Im Mai kämpften wir dann gegeneinander um die Erbsenreihen. Die Jungpflanzen konnte ich noch mit einem Vlies decken und vor dem Vogelfraß schützen. Als die Pflanzen an den gespannten Schnüren hochzuranken begannen, nahm ich das Vlies ab und spannte Schnüre im Zick-Zack, um die Spatzen abzuhalten. Gezackte Löcher an den Blatträndern zeigten mir dann am nächsten Morgen, dass man die Bande so nicht von ihrer Lieblingsspeise fernhalten konnte. Also spannte ich auf jeder Seite ein Vlies. Dem lauten Fluchen meines Nachbarn konnte ich entnehmen, dass sie sich nun über seine Erbsen hermachten. Doch nicht nur meine Erbsen, sondern auch die frisch gepflanzten Kopfsalatsetzlinge musste ich vor ihnen schützen.

Als schließlich Läuse die Puffbohnen überfielen und die Rosenknospen besetzten, kamen die Spatzen und turnten an den Pflanzen herum, bis der ganze Läusespuk vorbei war. Dafür überließ ich ihnen dann im Herbst die Holunderbeeren an den oberen Ästen und viele Samenstände von Stauden und Gräsern. Und jetzt sitzen sie wieder aufgeplustert auf dem Brombeerdraht und warten, bis der Nachbar Nachschub zum Futterplatz bringt. Oder denken sie mit pochenden Herzchen darüber nach, wie sie mich im kommenden Jahr wieder austricksen können?

Spatzen leben sehr gesellig.

Beinwell – Wüchsige Wurzeln

*Der Beinwell hat eine solche Kraft zu heilen und zusammen-
zufügen, dass zerteilte Fleischstücke wieder zusammen-
wachsen, wenn man sie mit Beinwell in einem Topf kocht.*

Nicholas Culpeper (1616–1654)

Zu einigen Kräutern in meinem Garten habe ich ein etwas an-
gespanntes Verhältnis. So zum Beispiel zum Beinwell, auch
Wallwurz genannt. Als ich den Garten übernahm, war er ein mit
Disteln, Beinwell, wilden Malven, Quecken, Baumtropf, Winden
und vielen anderen Wildkräutern bewachsenes Stück Brach-
land. In mühsamer Arbeit gelang es meinem Mann und mir, die
ungeliebten Wildkräuter weitgehend zu entfernen. Vom Beinwell jedoch behielt ich zwei große Stöcke. Ich grub die Wurzeln
aus und setzte sie an den Rand des Gartens, um ab dem nächsten
Jahr die Pflanze für Jauchen und für die heilkräftige Beinwell-
salbe ernten zu können. Zugegebenermaßen wirkt die Salbe bei
Verstauchungen und Prellungen heilend, aber Unmengen der
Wurzeln braucht man dafür nicht. Ein oder zwei wollte ich den
Hummeln noch lassen, die die purpurroten Blütenglocken über
alles lieben, was ihr auch den Namen Hummelbrot eingebracht
hat. Die restlichen Pflanzen mussten weg.

Wir gruben tiefe Löcher, um die dicken, verästelten Wurzel-
stöcke aus dem Boden zu heben. Noch vor dem ersten Winter
hatten wir alle Beinwellwurzeln ausgegraben. Sehr erstaunt war
ich daher, als im Frühjahr überall die Beinwellspitzen wieder aus
dem Boden schossen, als sei nichts gewesen. In den Staudenbee-
ten grub ich sie mit der Grabgabel aus,
zwischen den Wurzeln der Johannisbeeren war die Sache schon schwieriger.
Eine Idee, Herrin der Lage zu werden,
kam mir während eines Vortrags einer

*Der Blaue Beinwell ist eine
hervorragende Nahrungspflanze
für Wildbienen.*

Ordensschwester, die im Klostergarten große Beinwellkulturen
pflegte. Sie berichtete, dass die Pflanzen durch häufigen Schnitt
und die Wurzelernte zu kümmern begonnen hatten und schließlich eingegangen waren. Ich schnitt sie also den ganzen Sommer. Bei jedem Gartenrundgang zupfte ich die Spitzen ab. Doch
der Beinwell gab nicht auf. Im Herbst lockerte ich vorsichtig den

Boden, um die Wurzeln herausziehen zu können. Ein ca. 50 Zentimeter langes Stück der Wurzel holte ich heraus, dann brach der untere Teil ab und der Rest verblieb im harten Bodengrund. Jetzt ist sie genug geschwächt, dachte ich. Der Schatten unter den Sträuchern, das Abschneiden und Zupfen und nun die Wurzelentnahme. Ade Beinwell!

Schon mit den ersten Schneeglöckchen und Winterlingen lugten die Spitzen wieder heraus. Diesmal nicht eine, sondern fünf im Kreis rings um den Ort, wo die letztjährige Pflanze gestanden hatte. Es war, als würden die Beinwellpflanzen sich über mich lustig machen. Überall im Garten tauchten sie auf. Mitten im Gemüsebeet, zwischen den Rosen, im Kräuterbeet und sogar aus millimeterdünnen Spalten zwischen den Gehwegplatten bohrten sich die spitzen Sprossen hindurch. Nun weiß ich auch, warum man dem Beinwell die Bezeichnung „Gemeiner" vorangestellt hat. Aber auch Respekt und Ehrfurcht bekam ich vor dieser Pflanze, die eine solche Kraft besitzt. Ich begann in alten Kräuterbüchern über ihren Gebrauch und ihre Heilwirkung nachzulesen.

Dioskurides, ein römischer Militärarzt, berichtet in seinem Kräuterbuch aus dem 1. Jahrhundert n. Chr., dass Fleischstücke in einem Topf beim Braten wieder zusammenwüchsen, sobald man Beinwell dazugebe, und diese Geschichte wurde von anderen Kräuterweisen übernommen, wie das Zitat des englischen Apothekers Nicholas Culpeper oben beweist. Es klingt zwar sehr unwahrscheinlich, aber auch ich traue dieser Pflanze inzwischen fast alles zu. Interessant ist vielleicht der Hinweis, dass

Aus der Wurzel des Gemeinen Beinwells stellt man eine heilkräftige Salbe her.

der Beinwell im Zauberglauben als Schatzanzeiger gebraucht wird. Wohin die längste ausgezogene Wurzel zeigt, dort soll der Schatz vergraben liegen. Na ja, dann heißt es also fleißig weitergraben, es müssen viele Schätze in meinem Garten vergraben liegen. Und sie warten nur darauf, gefunden zu werden! (Schatzsuchern werden Grabgeräte gratis zur Verfügung gestellt!)

Rosenblumen – Im Namen der Rose

Wie ein jungfräulich Erröten
Zieht es durch die Lauben hin:
Oh, die Rose! – Ach, die Rose
Ist der Blumen Königin.

Sappho von Lesbos (um 600 v. Chr.)

Die griechische Dichterin verlieh der Rose diesen ehrenvollen Titel. Seither gilt die Rose als die Königin der Blumen und als Blume der Könige. Keinem anderen Gewächs sind über Jahrtausende so hohe Namen gegeben worden und keine Blume ist wie sie umwoben von Liebe, Tod und Geheimnis. Unerschöpflich scheint die dichterische Bildersprache, wenn es gilt, die Rose zu rühmen. Von Goethe wurde sie als das Vollkommenste, was die Erde hervorgebracht hat, verehrt.

„Ein Schmuck der Erden, eine Zier der Gärten, eine Lust dem Gesicht, eine Anmüthigkeit dem Geruch, dem Hertzen eine kräftige Erquickung", so rühmt sie zweihundert Jahre früher ein unbekannter Gärtner. „Der Erdgeborenen Wonne, jedes Dichters Lustgedanke, der Musen Lieblingsblume", huldigt ihr ein griechischer Dichter. Noch heute voller Poesie besang der persische Sänger Hafis die Rose als das Schönheitspflästerchen auf der Wange der Welt ...

Es scheint, dass auch andere Gartengewächse, obwohl keinesfalls verwandt mit der edlen Schönen, von diesem Glanz abbekommen wollen und sich ihres Namens bedienen. Er steht nicht unter Urheberschutz. Als Erste im Jahr trumpfen im Namen der Rose Nieswurze auf. Als Christrosen oder Schneerosen thronen sie stolz über den ersten niedrigen Frühjahrsblühern und schauen hochnäsig auf Krokus, Primel und Schneeglöckchen herab. Ihre orientalischen Schwestern, die Lenzrosen, recken ihre nickenden Blütenköpfe sogar noch höher. Vorwitzig schauen unter ihren großen ledrigen Blättern kleine gelbe und weiße Anemonen hervor, die gerne als Prinzessinnen königlich erscheinen wollen und sich daher Buschwindröschen nennen. Eine einheimische Rhododendrenart schmückt sich mit fremden Federn und überzieht als Alpenrose mit hell karmesinroten

> *Lenzrosen sind kostbare Frühlingsblüher.*

Blütentrauben die felsigen Berghänge.

Nicht genug bekommen kann auch die Gattung *Nymphea*. Die Botaniker gaben ihr zwar schon den schönen Namen der unersättlichen Göttin Nymphe. Damit noch nicht zufrieden, lassen sie sich auch noch Seerosen nennen und schweben so mit ihren Namen majestätisch auf der Wasseroberfläche.

Hoch hinaus wollen die Stockmalven. Die liebenswerten Bauerngartenblumen überragen mit ihren hohen Blütenständen stolz die meisten Gartengewächse. Als Stockrosen sonnen sie sich im Glanz der Blumenkönigin. Blume der Sonne, *Helianthenum*, nannten die Griechen eine kleine Pflanze, deren Blüten sich nur bei Sonnenschein öffnen. Ihre gelben, weißen, roten, orange- oder rosafarbenen Blüten ähneln etwas den Wildrosen und so lassen die kleinen ausladenden Sträucher ihren Blütenteppich als Sonnenröschen über Trockenmauern hängen. Auch die Primelfamilie erhebt Anspruch auf den edlen Namen und schickt mit der Rosenprimel eines ihrer schönsten Exemplare auf die Gartenbühne.

Mandelröschen leihen sich sogar zwei fremde Namen. Ihre Blüten ähneln denen der Mandelbäume. Während aber die Mandelbäume tatsächlich Rosengewächse sind, ohne dies speziell zu erwähnen, eignen sich die Mandelröschen den edlen Namen einfach an.

Eigentlich hätten es die Pfingstrosen gar nicht nötig, sich als Rosen auszugeben, denn den auffallenden Blüten, die zu den größten der heimischen Flora gehören, würde man sowieso Aufmerksamkeit schenken. Pfingstrosen können sogar, wenn man sie neben Rosen setzt, der Herrscherin die Schau stehlen.

Auch eine Gemüsepflanze möchte im illustren Rosenreigen mitmachen und der ansonsten eher deftigen Kohlfamilie eine Krone aufsetzen, indem sie sich Rosenkohl nennt. Der Namenklau geht aber noch viel weiter: sogar eine metallisch schillernde Kreatur, die nicht mal eine Pflanze ist, brüstet sich mit dem königlichen Namen und nennt sich schlicht und einfach Rosenkäfer.

Mit königlicher Gelassenheit ertragen die echten Rosen den vielfachen Namensschwindel. Denn sie wissen, dass nur eine echte Rose eine wahre Blumenkönigin ist.

Pfingstrosen stehlen der Blumenkönigin die Schau.

Winter

**Für den Liebenden
ist auch der Winter Frühling.**

Altes russisches Sprichwort

Kohlweißlinge – Die eifersüchtigen Schmetterlinge

Die Schmetterlinge
Von all den schönen Dingen,
die uns im Winter fehlen,
was liebst du am meisten?
– ich die Rosen;
– ich den Anblick einer schönen grünen Wiese
– ich ein goldenes Kornfeld, das Haar der Furchen;
– ich die Nachtigall, die singt:
– und ich die schönen Schmetterlinge!

Gérard de Nerval (1808–1855)

Auch ich vermisse die Schmetterlinge und war etwas traurig, als ich an einem Wintertag beim Aufräumen des Gartenhäuschens die toten Falter fand. Zwei Weibchen des Großen Kohlweißlings lagen auf dem Fensterbrett, eines lag auf der rechten Seite, das andere auf der linken, so als hätten sie sich schlafen gelegt und sich dabei an den Füßen festgehalten. Der Anblick rührte mich und ich überlegte, was wohl ihr Schicksal gewesen sein könnte. Hatten sie sich um einen Kohlweißlingsjüngling gestritten und waren dann vor Erschöpfung liegen geblieben, bis der Frost kam? Oder hatten sie zusammen Schutz vor der dicken Amsel gesucht, die ich schon oft mit einem Falter im Schnabel beobachtet habe? Vielleicht hatte sie der eisige Wind ins Haus geweht und ich hatte sie versehentlich eingeschlossen? Oder hatten sie sich für mich so offensichtlich zum Sterben hingelegt, um mir zu sagen: danke, dass du uns in deinem Garten duldest?

Zarter Falter mit meerjungfraugrünen Augen

Ich mag die Kohlweißlinge mit ihrem neckisch anmutenden Schwirrflug, bei dem sie oft in einer Gruppe aus bis zu acht Exemplaren umeinander herumturteln, wenn sie in Hochzeitslaune sind. Oft sind sie auch die einzigen Flatterwesen, die über dem Garten gaukeln. Auf den ersten Blick erscheinen die Kohlweißlinge zwar nicht so spektakulär wie ihre farbenprächtigen Artgenossen, aber wenn man genau hinschaut, sieht man ihre weißen,

filigranen Flügel mit der schönen, dunklen Zeichnung an den Spitzen, die an feinstes chinesisches Porzellan erinnern. Meerjungfrauenhaft schauen sie uns an mit ihren großen grünen Augen und tragen stolz den grauen, flaumigen Pelz auf dem Körper. Neben wilden Kreuzblütlern fressen diese Falter am liebsten Kohl und sind daher gefürchtet. Der Kohl schützt sich zwar ge-

gen Fressfeinde mit dem scharfen Senföl, aber die Kohlweißlingsraupen haben in ihrem Darm einen Entgiftungsweg eingebaut und können so unbeschadet Kohl abraspeln. In meinem Garten verschonen die hübschen Kohlweißlinge allerdings den Kohl; wahrscheinlich weil er nicht so getrieben ist und seine Blätter daher weniger weich sind, so dass die Raupen ein festes Beißwerkzeug haben müssen, um sie anzuknabbern. Die Raupen ziehen die zarten Blätter meiner Kapuzinerkresse vor, und da diese sich selbst versamt und jedes Jahr unzählige lange Ranken über den Zaun schiebt, fällt der Fraßschaden, den die Raupen anrichten, kaum ins Gewicht. Außerdem wissen die klugen Blaumeisen genau, wo sie Nahrung für ihre Jungen finden, und dezimieren so schnell die Raupenzahl. Einigen Raupen gelingt es allerdings, den Vögeln und Schlupfwespen zu entkommen und sich zu verpuppen.

In Paarungslaune sieht man die Kohlweißlinge immer tanzen, sobald ein Sonnenstrahl die Luft erwärmt. Von März bis in den November schaffen sie bis zu vier Generationen. Dezimiert wird der Nachwuchs vor allem durch die Eifersucht der Kohlweißlingsjünglinge: Nach der Paarung verpasst der eifersüchtige werdende Vater nämlich seiner Geliebten einen Keuschheitsgürtel aus einem Duftstoff, der so widerlich stinkt, dass er andere Männchen abschreckt und ihnen die Lust auf Paarung vergeht. Eine Schlupfwespenart hingegen findet dieses stinkende Odeur unwiderstehlich, da es ihr deutlich die befruchteten Weibchen anzeigt. Kaum hat sie den Duft gerochen, springt sie auf die schwangere Schmetterlingsfrau und reist als blinder Passagier an den Ort, an dem die Eier abgelegt werden. Diese interessieren die Schlupfwespe aber nicht, weil sie so niedliche gelbe Tönnchen sind, stattdessen legt die Schlupfwespe hinterlistig ihre eigenen Eier in das Gelege der Falter. Und so werden die Raupen bei lebendigem Leibe von den Nachkommen der Schlupfwespe aufgefressen. Merke: Eifersucht kann das Überleben gefährden!

Gartenfrust – Die Hitliste der Gartenärgernisse

Die Mücken ...
[...]

Sie fliegen auf und nieder
Im Abendsonnenglanz
Und singen feine Lieder
Bei ihrem Hochzeitstanz.

Du gehst zu Bett um zehne,
Du hast zu schlafen vor,
Dann hörst du jene Töne
Ganz dicht an deinem Ohr.

Drückst du auch in die Kissen
Dein wertes Angesicht,
Dich wird zu finden wissen
Der Rüssel, der dich sticht.

Merkst du, dass er dich impfe,
So reib mit Salmiak
Und dreh dich um und schimpfe
Auf dieses Mückenpack.

Wilhelm Busch (1832–1908)

Im Gartenteich wächst eine neue Mückengeneration heran.

Am Ende des Gartenjahres kann man die Ereignisse der Gartensaison einmal Revue passieren lassen. Für eine Rückschau eignet sich eine Hitliste der Gartenärgernisse. Wer hat in diesem Jahr am meisten genervt oder die Geduld besonders strapaziert?

Platz zehn geht an den Buchsbaumzünsler. Nicht, dass er in diesem Jahr großen Schaden angerichtet hätte, aber er lässt einen einfach nie zur Ruhe kommen. Dauernd ist man genötigt, seinen Kopf in die Buchsbüsche zu stecken, um kleine Gespinste oder gar Raupen auszumachen. Schlimm war daher dieses Jahr sein Fernbleiben, denn damit hat er mich gezwungen, dieses neurotische Suchen bis in den November zu betreiben. Auf Platz neun setze

ich das Kriechende Fünffingerkraut. Im Frühjahr dachte ich noch, ich hätte es im Griff, aber dieser invasive Eindringling ist heimtückisch in das Staudenbeet eingedrungen. Platz acht besetzt der Mehltau, der im August den Gurken und den Zucchetti den Garaus gemacht hat. Platz sieben haben die Nacktschnecken belegt, die im Mai die jungen Dahliensprossen zu ihrer Leibspeise erkoren. Auf Platz sechs hat es die Krautfäule geschafft, die bereits Ende Mai an den Tomaten erschien. Die Zaunwinden kommen auf Platz fünf. Soviel ich den weißen Wurzeln auch hinterhergrabe, irgendwo schwingen sie wieder ihre Rankefähnchen. Der Lauchmotte gebührt der vierte Platz, denn sie schleicht sich immer so ein, dass ich sie erst bemerke, wenn die Pflanzen schon kümmern. Besonders genervt hat mich auch der Fuchs, ihm gehört Platz drei. Seit dem Frühjahr gräbt er immer wieder tiefe Löcher, entweder neben dem Gartenhaus oder im Hochbeet. Auf Platz zwei kommt der Hagel. Er hat zwar dieses Jahr keinen Schaden angerichtet, aber letztes Jahr an einem Nachmittag den ganzen Garten zu Spinat zerhackt. Deshalb habe ich Vlies gekauft, so dass ich bei Gewitter den halben Garten abdecken kann. Kaum hat sich eine dunkle Wolke am Himmel sehen lassen, wurde dieses Jahr den empfindlichen Gewächsen ein Vliesmäntelchen angezogen. Und dann hat es nicht einmal gehagelt, das ist der totale Frust.

Und schon sind wir bei „Best of Worst" angekommen: die Stechmücken. Im Sommer war es tagsüber oft so heiß, dass ich erst in den kühleren Abendstunden dazu kam, in den Garten zu gehen. Kaum hatte ich den Garten betreten, stürzten sie sich auf mich wie ein Bombergeschwader im Formationsflug, um mein Blut für ihre Fortpflanzungszwecke zu benutzen. Alles Weibchen, die mich brauchen, um Eier bilden zu können. Wenn ich ihr Summen vernehme und vermeintlich in Richtung der Mücken schlage, treffe ich sie nie. Und wenn der Summton aufhört, dann ist es auch schon zu spät, der Feind hat bereits erbarmungslos zugeschlagen.

Zaunwinden kommen auf Platz fünf.

Es juckt, mein Körper reagiert allergisch, die Haut schwillt an und wird rot. Auch mein Gehirn reagiert und befiehlt: Kratzen! Und wenn man kratzt, juckt es noch mehr. Erst nehmen sie nur auf den unbedeckten Hautpartien Platz, doch sie stechen ungeniert auch durch dickste Pullover oder Socken. Und nachdem sie mich genügend malträtiert haben, schwirren sie zur Regentonne und legen dort heimtückisch ihre Eier ab, damit eine neue Mückengeneration sich an meinem Blut laben kann. Nun habe ich den Winter über Zeit, mir eine Gegenstrategie zu überlegen.

Wintervögel – Vogelzählung im Januar

Die armen Vögel

Wie ein Leichentuch zu schauen,
Über Thal und über Höh',
Auf den Feldern, auf den Auen
Liegt der tiefe, kalte Schnee.

Ohne Nahrung, fast erstarret
In des Wetters Ungemach,
Zittternd auf ein Körnchen harret
Manches arme Vöglein, ach!

Seht! Auf jener engen, schmalen
Simse sitzt ein Finklein da,
Das schon lang mit Hungerqualen
In das warme Stüblein sah.

[...]

Paul Cornel (1846–1899)

Der Buntfink ist
Nummer sieben.

Seit Jahren werden in europäischen Ländern die Wintervögel gezählt. Diesmal im bereits zehnten Jahr der Piepmatzzählung in Bayern wollte ich dabei sein. Zwar liegt mein Garten keinesfalls im Freistaat, aber mitmachen kann einem ja niemand verbieten. Also bewaffnete ich mich am Morgen des Dreikönigstages im Januar mit Schreibblock und Stift, legte dicke Handschuhe, Winterstiefel, Schal und Mütze an und stapfte los. Eine dicke Schneedecke lag über dem Garten und ein eisiger Wind blies mir entgegen. Nicht gerade gemütlich, so eine Vogelzählung. Allein in München hatten Gartenbesitzer im letzten Jahr über 2 Millionen Vögel gezählt. Bei einer Einwohnerzahl von 1,72 Millionen ist das gut ein Vogel pro Einwohner, das musste doch zu toppen sein. Also wollte ich eine Beobachterposition auf dem überdachten Sitzplatz einnehmen, von wo aus ich die beste Sicht auf das aufgestellte Vogelfutterhaus sowie auf die Meisenknödel und Erdnusssäckchen in den Rosenbögen hatte.

Schon beim Durchgang unter dem Holunderbusch wehte mir der Wind eine Schneeladung ins Gesicht. Ich verbiss mir die Flü-

che, um die Vögel nicht aufzuscheuchen, und schlich leise am Gartenhaus vorbei. Leider hatte ich vergessen, dass die Dachrinne verstopft war und dort das Wasser immer auf die Gehwegplatten rinnt und natürlich auch gefriert. Es ging alles so schnell – auf dem vereisten Weg zog es mir einfach die Beine weg und schon landete ich unsanft in der Buchskugel. Ich sah die Vögel nur noch davonfliegen, ohne dass ich hätte zählen können, wie viele und welche es gewesen waren. Sie hatten sich alle zum Futterplatz der Nachbarin verzogen und fochten dort ihre Kämpfe um Sonnenblumenkerne und Co. aus. Ob es wohl auch galt, die Vögel im Nachbargarten zu zählen?

Endlich erschien eine kleine Blaumeise und turnte kopfüber an den Meisenknödeln, um heftig auf die runden Dinger einzupicken. So, das war schon mal Nummer eins. Als Nächstes trafen nacheinander ein enorm dicker Distelfink, ein Buntfink und ein Kleiber ein. Eine schwarze Amsel hüpfte auf der Grenze zum Nachbargarten und stocherte mit dem Schnabel im Schnee herum – zählt die oder ist sie noch beim Nachbarn? Und dann kam der dicke graue Kater und setzte sich auf die Gartenmauer, um die Zählung mit seinen Beutetieren zu komplettieren. Wie der Blitz waren alle Vögel wieder weg. Bereits völlig durchgefroren vertrieb ich die Katze. Langsam kehrten einige Meisen zurück und beschäftigten sich mit den Fettknödeln. Immerhin hatte ich jetzt schon acht Vögel gezählt und konnte befriedigt nach Hause gehen. Da gab es plötzlich ein lautes Krachen im Rosenbogen und ein riesiges Vogeletwas zerrte an dem langen Erdnusssäckchen, bis es zu Boden fiel. Es war ein Eichelhäher, unschwer an den schwarz-blau gestreiften Zeichnungen auf dem Flügel zu erkennen. Er schnappte sich das Säckchen und flog mit ihm davon. Sicher brachte er diese Beute seiner Frau, denn Forscher haben herausgefunden, dass Eichelhähermännchen die einzigen maskulinen Wesen sind, die genau wissen, nach welcher Nahrung es ihren Frauen gelüstet. Aber woher wusste denn wohl seine Frau, dass es bei mir Erdnüsse gab? Da fiel mir auf, dass auch die anderen vier Erdnusssäckchen, die eigentlich sonst den ganzen Winter reichen, verschwunden waren. Wahrscheinlich war Frau Eichelhäher abends vor dem Fernseher langweilig und sie vertrieb sich die Zeit mit dem Knabbern von Erdnüssen als kleinem Snack. Zehn Vögel. Ich zählte Frau Eichelhäher einfach mit, denn sie lebte ja offensichtlich von meinem Vogelfutter.

Der Kleiber trägt Rallyestreifen.

Spanische Wegschnecke – Das nackte Grauen

Die Schnecken
[...]

Jetzt, in dichtbelaubten Hecken,
Wo es still verborgen blieb,
Rüstet sich das Volk der Schnecken
Für den nächtlichen Betrieb.

Tastend streckt sich ihr Gehörne,
Schwach nur ist ihr Augenlicht,
Dennoch – schon aus weiter Ferne
Wittern sie ihr Leibgericht.

Schleimig, sämig, aber stete,
Immer auf dem nächsten Pfad,
Finden sie die Gartenbeete
Mit dem schönsten Kopfsalat.

[...]

Wilhelm Busch (1832–1908)

Eigentlich könnte man Schnecken lieb haben.

Schnecken sind eigentlich kein Winterthema, denn es ist die einzige Jahreszeit, in der sie uns nicht auf die Palme bringen und an dem nagen, was wir liebevoll gepflanzt haben. Sie liegen jetzt friedlich schnarchend in der Erde und träumen von fettem Kopfsalat. Aber so elend wie diesen Sommer hat es in den Beeten noch nie ausgesehen und es ist Zeit, sich mit den ungeliebten Schleimern zu befassen. Nacktschnecken, da hört der Spaß auf und mein Zorn wuchs proportional zum Fraßschaden, den sie hinterließen. Von den Salaten schaute nur noch der Strunk hervor, der Krautstiel zerfetzt, die Radieschen angenagt und die Hosta skelettiert.

Eine überlieferte alte Gärtnerweisheit meint, dass die Weinbergschnecken die Eigelege der Nacktschnecken fressen, was mir die Schnecken mit der kugeligen Rückenzierde irgendwie

sympathisch machte. Auch heißt es, dass sie recht gutmütige Vertreter der Schneckenfamilie seien und kein frisches Grün futterten, sondern nur abgestorbene Pflanzenteile. Alles Humbug! Das Gegenteil war der Fall. Sie solidarisierten sich in meinem Garten mit den Nacktschnecken und fielen in ganzen Bataillonen gemeinsam über die Salatbeete her. Und eine Weinbergschnecke kann, anders als die ohne Eigenheim, bis zu 30 Jahre alt werden.

Heute ist auch bekannt, dass nicht die Weinbergschnecken die Feinde der Nacktschnecken sind, sondern umgekehrt. Die Spanische Wegschnecke, *Arion vulgaris*, fällt in Schneckenfarmen neuerdings über die Weinbergschnecken her. In einer Gruppe aus mehreren Schnecken greifen sie die Weinbergschnecke von oben im Nacken an, fressen dann zuerst den Eingeweidesack und als Dessert den Fuß. Zum Schluss legen sie ihre Eier in die leeren Schneckenhäuschen. Das muss ein weiterer Teil ihres Erfolgsrezeptes sein. Bisher dachte man, dass diese Schnecke, wie ihr Name andeutet, ein Einwanderer aus dem Süden sei. Nun hat die Forschung aber festgestellt, sie stammt von hier und war schon immer da. Sie frisst fast alles Pflanzliche und macht auch vor Aas und Artgenossen nicht halt. Übliche Schneckenfeinde wie Igel, Kröten und Vögel mögen sie wegen ihres bitteren Schleimes nicht. Zudem sind sie trockenheitsresistent und kriechen auch im Dezember, wenn die anderen Schnecken längst schlafen, noch auf den Beeten herum.

Also was tun? Mein Gartennachbar warf die Schnecken immer über den Zaun auf den angrenzenden Gehweg, dort wurden sie von Kinderwagenrädern, Schuhsohlen und Fahrradreifen in die ewigen Jagdgründe befördert. Schneckenwerfen ist übrigens in Sibirien ein alter Brauch. Verliebte Frauen bewerfen ihre Angebeteten mit Feldschnecken und sorgen so für Kontaktaufnahme. Die ekligen Schleimer mit Verführungskünsten in Verbindung zu bringen, fällt mir echt schwer, und ich glaube, auch mein Mann wäre davon nicht angetan. Wer aber mit dem Schneckenwerfen die ungebetenen Gäste loswerden will, der muss den großen Wurf machen. Britische Forscher stellten fest, dass markierte Schleimmonster immer wieder zurückfanden. Allerdings reicht ihr „Stalldrang" nur 20 Meter weit. Aus tierethischen Gründen kommt für mich das Schneckenwerfen nicht in Frage. Zudem befürchte ich, dass ihnen die Luftfahrt Spaß machen könnte und sie so auch noch das Fliegen lernen. Wer weiß, was im Kopf so eines Kriechtiers vorgeht, wenn es durch die Luft fliegt.

Schneckenhäuser sind kleine Wunder.

Rotkehlchen – Robin, der Weihnachtsvogel

Rotkehlchen auf dem Zweige hupft –
wipp, wipp!,
Hat sich ein Beerlein abgezupft –
knipp, knipp! –,
Lässt sich zum klaren Bach hernieder.
Tunkt's Schnäblein ein und hebt es wieder –
Stipp, stipp, nipp, nipp! –
Und schwingt sich wieder in den Flieder.
Es singt und piepst ganz allerliebst –
zipp, zipp, zipp, zipp, trili! –
Sich seine Abendmelodie,
Steckt's Köpfchen dann ins Federkleid
Und schlummert bis zur Morgenzeit.

Wilhelm Busch (1832–1908)

Es war Dezember und unerledigte Arbeiten riefen mich in den Garten. Schon von weitem hörte ich Vogelgesang. Ich wunderte mich über die melancholischen, verträumten, zwischendurch perlend-lustigen Melodien mitten im Winter. Ich konnte die Vogelstimme nicht zuordnen. Es erging mir wie einst Romeo und Julia, die damals auch Schwierigkeiten hatten, das Gezwitscher ornithologisch zuzuordnen. Sie: „Es war die Nachtigall und nicht die Lerche, die eben jetzt dein banges Ohr durchdrang." Er: „Es war die Lerche, die Tagverkünderin!" Es war in meinem Garten weder eine Lerche – wie auch, mitten in der Stadt! – noch eine Nachtigall. Als ich näher kam und den Vogel oben im kahlen Pfirsichbaum entdeckte, löste sich das Rätsel: Es war ein Rotkehlchen, das sein Lied aus voller Kehle in den Wintertag schmetterte. Da dieser vorwitzige Vogelzwerg oft spöttisch versucht, die Stimmen anderer Vögel zu imitieren, ist er nicht einfach zu bestimmen.

In England wird der als Weihnachtssymbol geltende Vogel liebevoll Robin Redbreast genannt. Unauffällig von hinten, trumpft er mit seiner rostroten Brust vorne auf. Mit der rundlichen Ge-

Rotkehlchen sind neugierige Vögel.

104

Liebe Leserin, lieber Leser,

gerne informieren wir Sie künftig über unsere Neuerscheinungen. Teilen Sie uns mit, für welche Themen Sie sich interessieren, und schicken Sie einfach diese Karte zurück. Wenn Sie außerdem unsere Fragen auf der Rückseite beantworten, helfen Sie uns, zukünftig genau die Bücher zu machen, die **Sie** interessieren!

Bei Rücksendung dieser Bücherkarte nehmen Sie an unserer monatlichen Verlosung teil: Die Gewinnerin/der Gewinner erhält Bücher aus den von Ihnen genannten Themenbereichen im Wert von 50,– €.

Antwort

JAN THORBECKE VERLAG

VERLAGSGRUPPE PATMOS

Senefelderstraße 12
D-73760 Ostfildern

VORNAME / NAME

STRASSE / HAUSNUMMER

PLZ / ORT

E-MAIL

Bei Angabe Ihrer Mail-Adresse erhalten Sie rund 6 Mal jährlich unseren Newsletter, der Sie über die uns genannten Themenbereiche informiert.

Ihre Meinung ist uns wichtig!

DIESE KARTE LAG FOLGENDEM BUCH BEI:

_____

IHRE MEINUNG ZU DIESEM BUCH:

_____
_____
_____
_____
_____
_____
_____

WIE/WO SIND SIE AUF DIESES BUCH GESTOSSEN:

_____
_____
_____
_____

Für welche Themen interessieren Sie sich?

O Kochen & Backen | Haus & Garten |
   Geschenkbuch & Kalender _____ **THORBECKE** *Lebensart*
O Geschichtswissenschaft
   Landeskunde Südwestdeutschland ___ **THORBECKE** *Geschichte*
O Psychologie | Lebensgestaltung |
   Religion | Spiritualität | Kalender __ **PATMOS**
O Kinderbuch _____ **PATMOS** *Kinderbuch*
O Theologie _____ **GRÜNEWALD**
O Pastorale Praxis | Sieger Köder ____ **SCHWABEN**
O Kundenmagazin _____ *Lebe Gut*

Zu den von Ihnen angekreuzten Themen schicken wir
Ihnen gerne halbjährlich unsere Prospekte mit den
Neuerscheinungen. Außerdem erhalten Sie bei Angabe
Ihrer E-Mail-Adresse unsere jeweiligen Newsletter.
(Beides ist jederzeit formlos kündbar.)

E-MAIL-ADRESSE

_____

Einen Überblick über unser Gesamtprogramm sowie
unsere E-Books finden Sie unter **www.thorbecke.de**
sowie **www.verlagsgruppe-patmos.de.**
Außerdem freuen wir uns über Ihre Wünsche, Fragen oder
Kritik an **kundenservice@verlagsgruppe-patmos.de.**

[f] lebegut

VERLAGSGRUPPE PATMOS
Die Verlagsgruppe mit Sinn für das Leben

stalt und den großen, braunen Knopfaugen entspricht der Vogel ganz dem Kindchenschema, das Schutz- und Pflegeinstinkte in uns weckt. Ich empfand Mitleid mit dem armen Sangeskünstler, der den kommenden Winter in meinem Garten verbringen würde, und überlegte, wie ich ihm helfen könnte. Doch erst widmete ich mich dem Hahnenfuß, der sich mit seinen Tentakelablegern im Staudenbeet breit gemacht hatte. Der kleine, vorwitzige Robin, so hatte ich das Rotbrüstchen getauft, hüpfte eifrig um mich herum. Mal pickte er Tausendfüßler aus dem Eimer, in den ich die gejäteten Pflanzen warf, mal entkam er beim Suchen von Insekten nur knapp der Hacke.

Während er mich mit seinem eigenartigen Knicksen aufmerksam beäugte, fragte ich ihn, wie er sich seine Zukunft vorstelle; ich konnte ja nicht den ganzen Winter den Garten umgraben, um ihn zu füttern. Ich bekam keine Antwort. In der Zoohandlung erstand ich sündhaft teure, getrocknete Mehlwürmer. Ich platzierte eine Portion davon, mit Haferflocken gemischt, katzensicher zuoberst auf dem Gartengrill. Robin scharrte im Blätterhaufen und schien sich für das Vogelmüsli nicht zu interessieren. Dafür kamen die Blaumeisen und hatten das kostbare Futter in null Komma nichts verspeist. Am nächsten Tag waren es die Grünfinken, welche die Futterschale leer fraßen. Ich war erstaunt, als ich am darauf folgenden Tag zwei Robins vorfand. Einer näherte sich dem Futterteller. Na endlich, dachte ich. Da stürzte sich der andere Robin wie ein Kamikazeflieger auf den Rivalen und pickte auf ihn ein, bis die Federn flogen und der Futterteller zu Bruch ging. Unter lautem Schnarren leisteten sich die beiden eine wilde Verfolgungsjagd durch den Garten. Rücksichtslos gingen sie aufeinander los. Mein Mitleid wich blankem Entsetzen. Solche Prügelrabauken werden diesen Winter selbst schauen

Robin Redbreast heißt der Vogel in England.

müssen, wie sie an Futter kommen! Die Scherben ließ ich am Boden liegen, als Zeugen meiner Entschlossenheit, meine Tierliebe nicht mehr von treuherzigen Kugelaugen verführen zu lassen.

Als ich anderntags in den Garten kam, saß Robin im dornigen Gestrüpp des Rosenbogens. Er schwieg. Ich sah an ihm vorbei, ging zum Kompostplatz und öffnete das Gitter. Er hüpfte aufs grüne Tuch über dem Kompostwalm und schaute mich an. Bissige Kälte kündigte sich an. In der Zoohandlung kannten sie mich schon. Ich wollte es nochmals mit den Mehlwürmern versuchen.

Nachbarn – Blumen aus Nachbars Garten

Götterlehre
Lade an deinen Tisch den ein, der dich liebt, und lass deinen Feind draußen. Auch den, der dir am nächsten wohnt, lade ein, denn in der Not vor Ort kommt der Nachbar auch nackt angelaufen, derweil die Verwandten sich erst ankleiden müssen. Der böse Nachbar ist ein großes Unglück, doch der gute ein großer Schatz.

Hesiod von Böotien (um 700 v. Chr.)

Und besonders große Schätze sind Nachbarn mit einem großen pflanzlichen Inventar in ihrem Garten. Stauden sind Anarchisten und erkennen keine Gartengrenzen an. Mit viel Glück finden die begehrlichen Geschöpfe aber den Weg in unseren Garten. Sehr ausbreitungswillige wie Akelei, Nachtkerze, *Verbena bonariensis* und Frauenmantel wechseln gerne die Gartenseite, schmeißen ihre Samen wie Guerillagärtner über den Zaun und versuchen uns ihre Existenz aufzuzwingen. Man erkennt aber mit den Jahren die Invasion bereits an den kleinen Pflänzchen und kann sie stoppen. Bei den Stockrosen stellt mich das immer auf eine Geduldsprobe. Wenn eine kleine Stockrosenrosette sich zeigt, muss ich jedes Mal anderthalb Jahre warten, bis ich die Blütenfarbe sehe. Ich wünsche mir schon so lange, dass die dunkelrote, fast schwarze Stockrose sich einmal mit einem Nachwuchs zu mir verirrt. Bis jetzt hatte ich eher unspektakuläre hellgelbe, cremefarbige und weiße, aber nie das ersehnte dunkle Rot aus Nachbars Garten.

Verbenen streunen durch alle Nachbargärten.

Während das Große Immergrün, Maiglöckchen, Seifenkraut und Himbeeren dauernd grenzüberschreitende Strategien entwickeln und mit viel Aufwand und nur kurzzeitigem Erfolg an der Einwanderung gehindert werden können, sind es die begehrten Prachtstücke, die partout keinen Wank in Richtung meines Gartens tun wollen. Und was nicht wuchert, ist meist auch nicht sehr häufig und eher teuer. Auch bei guten Nachbarschaftsverhältnissen lassen sich die Eigner wertvoller Staudenschönheiten

nicht leicht überreden, mir ein Stück von der begehrten Pflanze abzustechen. Und mein Spaten, das ist selbstredend Ehrenkodex, hat, auch wenn der Nachbar im Urlaub ist, im Nachbargarten nichts zu suchen.

Meist sind selbst fast auf der Grenze wachsende Stauden mit Lockmitteln wie dem Ausstreuen von Kompost oder wunderbar gelockerter Erde nicht dazu zu kriegen, einen Ableger auf meine Seite zu schicken; die Stauden wachsen lieber der Sonne entgegen und nicht zu mir. Bei den Samen geht das schon einfacher. Da bekommt der weiße Fingerhut unauffällig und ganz gezielt einen Schubs mit dem Stiel der Grabgabel, damit die Samen sich bei mir breit machen. Das funktioniert aber leider nur direkt an der Gartengrenze und mit den ohnehin invasiven Stauden. Die hübschen Hybrid-Storchschnäbel sind leider steril, andere sind echte Keimmuffel oder brauchen Jahre, bis sie zu ansehnlichen Gartengeschöpfen heranwachsen. Vielleicht können mir andere Gartenbewohner helfen. Die Amseln, die immer zwischen den Stauden rumwuseln, um fette Regenwürmer herauszuziehen, könnten doch auch mal ein klitzekleines Rhizom der hellblauen Iris herüberwerfen. Ameisen sind sogar meine Verbündeten und werden daher geduldet. Sie brachten mir die Samen vom Hohlen Lerchensporn und den herzigen Leberblümchen. Leider ist das eine rein zufällige Methode und daher unzuverlässig. Denn die Ameisen sorgten dafür, dass sich meine geliebten Winterlinge und Krokusse vor allem bei der Nachbarin vermehrten. Ein neutraler Fundort ist hingegen der gemeinsame Kiesweg. Da der Gartenordner dort sowieso kein Grün erlaubt, tut man dem Nachbarn sicherlich einen Gefallen, wenn man den hübschen gelben Lerchensporn, der auf seiner Seite wächst, in Sicherheit bringt. Wenn er darauf besteht, kann er ihn ja zurückfordern. Neulich hatte ich sogar das Glück, dass ein Nachbar den Garten aufgab und ich, bevor der Neupächter kam, wie in einem Selbstbedienungsladen zugreifen konnte! Mein anfänglicher Jubel erstickte unter der bangen Frage wohin, denn mein Garten ist schon proppenvoll. Eigentlich schade.

Die schöne blaue Iris blüht leider in Nachbars Garten.

Bild- und Textnachweis

Alle Fotografien: Ute und Martin Studer

S. 18 aus: Hermann Hesse, Über das Glück. Betrachtungen und Gedichte © Suhrkamp Verlag Frankfurt am Main 2002. Alle Rechte bei und vorbehalten durch Suhrkamp Verlag Berlin
S. 30: © Die Sofagärtnerin, http://sofagaertnerin.blogspot.ch
S. 35: © Rainer Haak
S. 36 aus: Jean-Henri Fabre, Erinnerungen eines Insektenforschers II. Aus dem Französischen von Friedrich Koch © MSB Matthes & Seitz Berlin 2010
S. 40 aus: Jean Giono, Provence. Aus dem Französischen von Siglind Schüle-Ehrenthal © MSB Matthes & Seitz Berlin 2002
S. 48 aus: Eugen Roth, Tierleben, Hanser, München 1948/49 © Thomas Roth
S. 70: © Erika Schirmer

Wir danken allen Rechteinhabern für die freundliche Genehmigung zum Abdruck.